**작은집
넓게 쓰는 인테리어**

일러두기
본문에 공개한 인테리어 시공비는 준공 시기에 따라 차이가 있습니다.
독자들의 이해를 돕기 위해 제곱미터와 평을 함께 사용했습니다.

작은집 넓게 쓰는 인테리어

1판 1쇄 발행_ 2013.04.15.
1판 7쇄 발행_ 2015.04.05.

지은이_ 조승진
발행인_ 홍성찬

발행처_ 인사이트북스
출판신고_ 2009년 6월 5일 제25100-2009-0017호

주소_ 서울특별시 강북구 우이동 161-36(142-871)
대표전화_ 070)8112-0846
팩시밀리_ 02)906-9888
이메일_ insightbooks@hanmail.net

ⓒ 조승진 저작권자와 맺은 특약에 따라 검인을 생략합니다.
ISBN 978-89-98432-01-0 13590

이 책은 저작권법에 따라 보호받는 저작물이므로 무단전재와 복제를 금지합니다.
이 책 내용의 전부 또는 일부를 이용하려면 반드시 저작권자와 인사이트북스의 서면동의를 받아야 합니다.

책값은 뒤표지에 있습니다.
잘못된 책은 구매하신 서점에서 바꾸어 드립니다.

— 조승진 —

작은집
넓게 쓰는 인테리어

 Daum 20만 회원이 인정하고 강력 추천한 인테리어의 모든 것!

PROLOGUE

이 책을 쓰게 되면서 10년 전으로 거슬러 올라가 보았습니다.

제가 이 일을 업으로 삼기 전에는 집이라는 공간에 대해 특별하게 고민을 한 적도, 생각해 본 적도 없었습니다. 학생들의 등하교가 되었든, 직장인의 출퇴근이 되었든 우리들의 아침과 저녁, 시작과 끝은 늘 집과 함께하고 있는데 '집'이라는 공간에 참 무심했던 것 같습니다. 당연한 이야기이지만 집에 대해 그토록 무덤덤했던 제가 인테리어 디자이너라는 직업을 갖게 된 이후로 180도 달라졌습니다. 요즘 집이라는 공간을 생각하면 저도 모르게 즐거워집니다. 가족, 엄마의 따뜻한 잔소리, 포근한 이불, 따뜻한 밥 한 공기, 구수한 된장찌개, 아기들의 울음소리와 아이들의 해맑은 웃음소리, 명절날 기분 좋은 북적거림, 화사한 햇살이 내리쬐는 한가로운 오후 등등…….

물론 이러한 생각들이 일을 시작하자마자 제 머릿속에 자동으로 탑재된 건 아니었습니다. 디자인 프로젝트를 진행하다 보면 국내외의 인테리어 서적들을 많이 볼 수밖에 없습니다. 화려하면서도 우아하고, 투박한 것 같지만 세련된 집 소개를 보면 '과연 내가 이런 집에서 살 수 있는 날이 있을까?' 하는 생각이 들었습니다. 저는 내가 가질 수 없는 '그림 같은 집'을 보면서 많은 괴리감을 느꼈습니다. 예쁜 집을 보게 되면 '와 예쁘다' 하는 생각보다 '아, 이렇게 지으려면 돈이 많이 들겠는데? 전깃세 많이 나오겠다, 청소는 어떻게 하지?' 하는 생각이 먼저 떠올라 무척 씁쓸했거든요. 저는 비싸고 좋은 마감재를 사용하여 겉모습을 멋있게 꾸몄다고 해서 더 좋은 디자인, 더 좋은 집이 아니며, 그것이 디자인의 가치와 전부는 더더욱 아니라고 생각합니다. 그 집에서 생활할 사람들의 개성과 생활 패턴을 고려한 실용성 있는 집이 자신에게 맞는 디자인이며, 그들만의 색깔이 있는 집이라고 생각합니다. 집은 집다워야 한다고 생각하는 것이지요.

이 일을 시작하고 처음 몇 년간은 현실과 동떨어진 디자인에 대한 이질감 때문에 일에 흥미를 붙이지 못했습니다. 제가 하고 있는 일 자체에 대해 굉장한 회의를 느낀 적도 있습니다.

가슴이 터질 듯한 열정과 집이 완성되어 가며 느꼈던 성취감은 점차 사라졌을 뿐 아니라 의미 없는 작업의 연속 때문인지 숨이 막혀 답답하기도 했습니다. 현장에 정이 안 갔다고 해야 할까요? 잠깐 스쳐가는 슬럼프라고 스스로 위로하기도 하고, 잘못된 직업 선택에 대한 후회까지 들었습니다. 그러던 어느 날 시간을 허비하지 말자는 생각이 들었습니다. 한창 젊은 나이에 무의미한 시간을 보낸다는 게 정말 아까웠거든요. 무표정 하고 차가운 집 대신 따뜻하고 이야기가 담겨 있는 행복한 집을 만들어 보자 하는 만화 같은 혼자만의 궁리를 하게 됐습니다.

그때 이후 일이 다시 재미있어지기 시작했습니다. 일은 항상 집을 방문하는 것부터 시작됩니다. 클라이언트를 만나 그들의 요구 사항을 성실히 듣고, 제 안에 있는 오감을 모두 깨워 누구보다도 꼼꼼히 집안 구석구석을 둘러보는 것이죠. 누가 살 곳인지, 취미는 무엇인지, 어떤 색깔을 좋아하는지, 맞벌이를 하는지, 성격은 어떠한지 등을 세세하게 기록하여 저만의 자료를 만들었습니다. 그 결과 제 디자인에 변화가 찾아 왔고 재미있고 흥미로운 결과물을 보게 됐습니다.

일이 정말 좋아진 겁니다. 현장에서 돌아오면 온통 그 집에 대한 생각 때문에 밤에 잠을 설칠 정도였지요. 제 일이 정말 사랑스러웠고, 그 일을 하는 제 스스로가 자랑스러웠습니다. 남에게 보여주는 것에만 급급한 디자인을 버리고, 모두가 편한 마음으로 공유할 수 있는 '실용성 있는 그림 같은 집'이 하나둘 완성될 때 느끼는 성취감은 말로 다 표현할 수 없을 만큼 벅찹니다. 그 집을 보고 환호하는 클라이언트를 보는 것이 이 일의 가장 큰 묘미입니다. 그러다 보니 프로젝트가 끝나도 밥 한번 먹자, 술 한잔 함께 하자는 클라이언트의 전화가 자주 걸려옵니다.

감사한 생각에 몸 둘 바를 모르겠습니다. 어찌 생각해 보면 제가 밥을 얻어먹을 게 아니라, 행복하고 즐거운 작업을 맡겨 주신 그분들께 제가 밥을 사야 하는 게 아닌가요?

그분들께 고맙고 감사한 마음에 보답하기 위해 그동안 작업해 온 소소한 프로젝트들을 엮어 책을 써보기로 했습니다. 거창하지도 않고, 대단한 집도 아닙니다. 워낙 소박한 집이기에 책으로 출간해도 될까 하는 고민도 많이 했습니다. 하지만, 원래 생각했던 대로 '소박한 집이 현실'이라는 마음이 앞서 용기 내어 책을 쓰게 되었습니다.

월간지나 그림책 보듯이 편하게 술술 넘길 수 있는 그런 책이 되었으면 합니다. 또한, 이 책이 여유가 없어 그동안 인테리어를 꿈꾸지 못했던 분들에게 희망이 되었으면 하는 바람입니다.

조승진

차례

프롤로그 • 4

HOUSE 1 조승진 + W 하우스 : 전원주택 전세로 살아보기 • 9
주거 형태_ 109m²(33평형) 3층 전원주택, 각 층당 약 10-13평
시공 기간_ 6개월간 야금야금 시간 날 때마다 손봄
생활공간 아이디어 1_ 계약 전 반드시 체크해야 할 7가지

HOUSE 2 좁디좁은 아파트에 예쁜 북카페가 들어온 날 • 41
주거 형태_ 49m²(15평형) 아파트
시공 기간_ 25일
생활공간 아이디어 2_ 예쁜 주방 만들기

HOUSE 3 낡고 우중충한 20평 반지하에 따뜻한 북유럽 스타일의 멋을 입히다 • 69
주거 형태_ 66m²(20평형) 다세대 주택
시공 기간_ 23일
생활공간 아이디어 3_ 집안 냄새 제거 및 미세먼지 잡는 법

HOUSE 4 30년 된 단독주택에 아파트의 스마트함을 더하다 • 105
주거 형태_ 73m²(22평형) 단독주택
시공 기간_ 28일
생활공간 아이디어 4_ 저예산으로 예쁘게 집을 꾸미는 요령

HOUSE 5 기능성을 한껏 높인 주방으로 집안을 시원하게 하다 • 133
    주거 형태_ 59m²(18평형) 아파트
    시공 기간_ 26일
    생활공간 아이디어 5_ 톡톡 튀는 욕실 만들기

HOUSE 6 작은집일수록 벽지와 가구를 밝게 하라 • 153
    주거 형태_ 66m²(20평형) 빌라
    시공 기간_ 26일
    생활공간 아이디어 6_ 집안의 데드 스페이스 활용하는 방법

HOUSE 7 좁은 주방을 넓게 활용하는 색다른 공간 제안 • 179
    주거 형태_ 80m²(24평형) 아파트
    시공 기간_ 30일
    생활공간 아이디어 7_ 좁은 집 넓게 쓸 수 있는 공간 활용 아이디어

HOUSE 8 일과 살림을 한 공간에 넣다 • 203
    주거 형태_ 81m²(24평형) 아파트
    시공 기간_ 30일
    생활공간 아이디어 8_ 우리집에 어울리는 기튼, 침구 색상 알아보기

HOUSE 9 상식을 깨는 파격적인 가구 배치로 생활의 공간을 만들다 • 221
    주거 형태_ 97m²(30평형) 아파트
    시공 기간_ 26일
    생활공간 아이디어 9_ 간단한 조명으로 집안 분위기 바꾸기

HOUSE 10 벽지 교체만으로 고풍스러운 감성을 완성하다 • 243
    주거 형태_ 105m²(31평형) 아파트
    시공 기간_ 28일
    생활공간 아이디어 10_ 침실 활용도에 따른 공간 만들기

HOUSE 11 거실이 똑똑한 서재로 바뀐 날 • 269
    주거 형태_ 113m²(34평형) 아파트
    시공 기간_ 30일
    생활공간 아이디어 11_ 우리집을 손쉽게 디자인하는 요령

제품과 숍 정보 • 292

COUNTRY HOUSE

조승진 + W 하우스 : 전원주택 전세로 살아보기

주거 형태_ 109m²(33평형) 3층 전원주택
각 층당 약 10-13평
시공 기간_ 6개월간 야금야금 시간 날 때마다 손봄

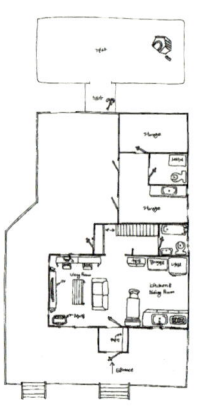

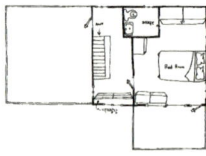

왼쪽 _ 1F
오른쪽 _ 2F

**단열과 비효율적 공간의 단점을 생활 공간의
아름다움으로 바꾼 도시인의 영원한 로망, 전원주택!**

COUNTRY HOUSE
RENOVATION

Meeting

얼마 전 전원주택에서 전·월세를 사는 실속파들의 기사를 본 적이 있습니다. 한동안 땅콩주택 등 전원주택 붐이 일어나기도 했지만 출퇴근이나 생활하는 데 아파트만큼 실용적이지 못한 점이 많아 그 인기가 점차 사그라들고 있죠. 그래도 전원주택은 도시인들에겐 영원한 로망입니다. 마당과 텃밭이 있고, 아파트에서 볼 수 없는 공간의 따뜻함이 있기 때문입니다. 전원주택의 불편함은 제 주특기를 100% 활용하여 고쳐나가기로 했습니다.

저도 이 집을 구할 때 전원주택 전세가 있다는 걸 처음 알게 되었습니다. 서울에서 신혼집을 구하다 보면, 교통편이 좋은 중심부는 가격이 만만치 않기 때문에 마음에 드는 집을 구하기가 어렵습니다. 신혼집 구할 돈이 없어서 결혼을 미루기까지 할 정도입니다.

결혼을 하게 되어 집을 구하게 되었을 때, 약혼녀의 별 생각 없던 마우스 클릭이 이 집과 연을 닿게 하였습니다.

직업이 직업이다 보니 아파트보다는 허름한 단독주택을 구해서 맘껏 고치며 살고 싶어 검색하던 차에 눈에 들어온 집이 바로 이 집입니다. 작고 예쁜 전원주택 전세 매물을 보고 한 눈에 반했습니다.

"왠지 우리가 저기에 살 것 같아." 하고 아내에게 말했던 기억이 납니다.

　언제가 전원주택을 짓고 살고 싶다는 생각은 30대가 넘으면 누구나 한번쯤 떠올리는 생각일지 모르지만 선뜻 실행에 옮기기엔 참 어려운 일입니다. 도시에서 태어나 도시에서만 자라 시골생활이라는 것을 해본 적이 없는 터라 더욱 그렇습니다. 단지 산과 물을 좋아한다는 이유만으로 전원주택을 짓는다는 것은 큰 리스크를 지게 됩니다. 전원주택 전세 매물 중 상당수는 전원생활이 그리워 시골로 내려왔지만 적응하지 못하고 도시로 돌아가면서 생긴 것들이 많습니다. 실패하지 않는 전원생활을 위해서는 이런 전원주택 전세 매물들을 찾아 한번 살아보는 것이 좋은 방법일 것 같습니다.

　제가 선택한 전원주택은 남양주에 있습니다. 합정동의 사무실에서 자동차로 한 시간 정도 소요되는 거리입니다. 차가 없으면 생활이 불편하다는 것과 한번 집에 들어가면 라면을 사러 갈 때에도 차를 가지고 움직여야 한다는 점만 빼면 그리 불편한 생활은 아닙니다. 오히려 퇴근하는 길이 드라이브이며, 전원생활 매일 매일이 힐링입니다.

Plan W

프로젝트를 진행하다 보면 대부분 아내들이 주도권을 잡고 리노베이션을 진행합니다. 저희 집 역시 아내가 주도권을 잡았습니다. 생활공간디자인의 스타일리스트 실장인 제 아내는 본인이 원하는 바를 정확하게 말하고, 말하는 대로 이루어 냅니다. 그래서 저는 아내를 'Plan W(wife)'라고 부릅니다.

이 집은 실내보다 외부 공간이 크기 때문에 실내 공간 구성이 정말 중요했습니다. 공간 구성이 중요한 만큼 W는 공간의 역할을 매일매일 수시로 바꿔가는 일을 무한 반복했습니다. 목재로 지어진 집의 외관을 보고 북유럽의 작은 오두막집처럼 꾸미겠다고 결심한 W. 창이 많은 집의 내부는 화이트 베이스에 화이트 타일로 아일랜드를 만들고, 우드로 포인트를 주겠다는 아주 구체적인 밑그림을 그렸습니다. 창이 많아 햇살을 가득 머금고 있는 이 집의 곳곳을 소개합니다.

왼쪽 사진은 목재로 지어진 저희 집의 여름과 겨울의 모습입니다.

전원주택에 살려면 부지런해야 한다고 조언해 주신 지하수 시공업체 사장님 말씀처럼 매일매일 손봐야 할 곳이 참 많습니다. 봄과 여름엔 잡초를 제거해야 하고, 가을엔 낙엽을, 겨울엔 눈을 치워야 합니다. 이 일은 기본 중의 기본입니다. 크고 작은 문제가 생길 때마다 스스로 해결해야 합니다. 처음으로 키워본 상추와 열무는 서투른 손길 때문에 풍성한 잎을 거두지는 못했습니다. 그래도 6개월간 살아본 전원주택은 저희에겐 휴가 같은 생활입니다.

/ 조승진 + W 하우스: 전원주택 전세로 살아보기 /

1F 공간의 문제점
& 개선사항

Before
- 두 사람의 생활 패턴에 맞는 공간 구성이 필요합니다.
- 집 내부의 베이스 색상을 변경할 예정입니다.
- 어둡고 칙칙한 싱크대와 효율적이지 않은 주방 동선의 개선이 필요합니다.
- 세탁기 공간 확보를 위한 아일랜드 설치
- 원두막 철거 후 테크 테이블 제작
- 전기 패널 난방 교체
- 견사를 텃밭으로 바꾸기
- 게스트룸 만들기

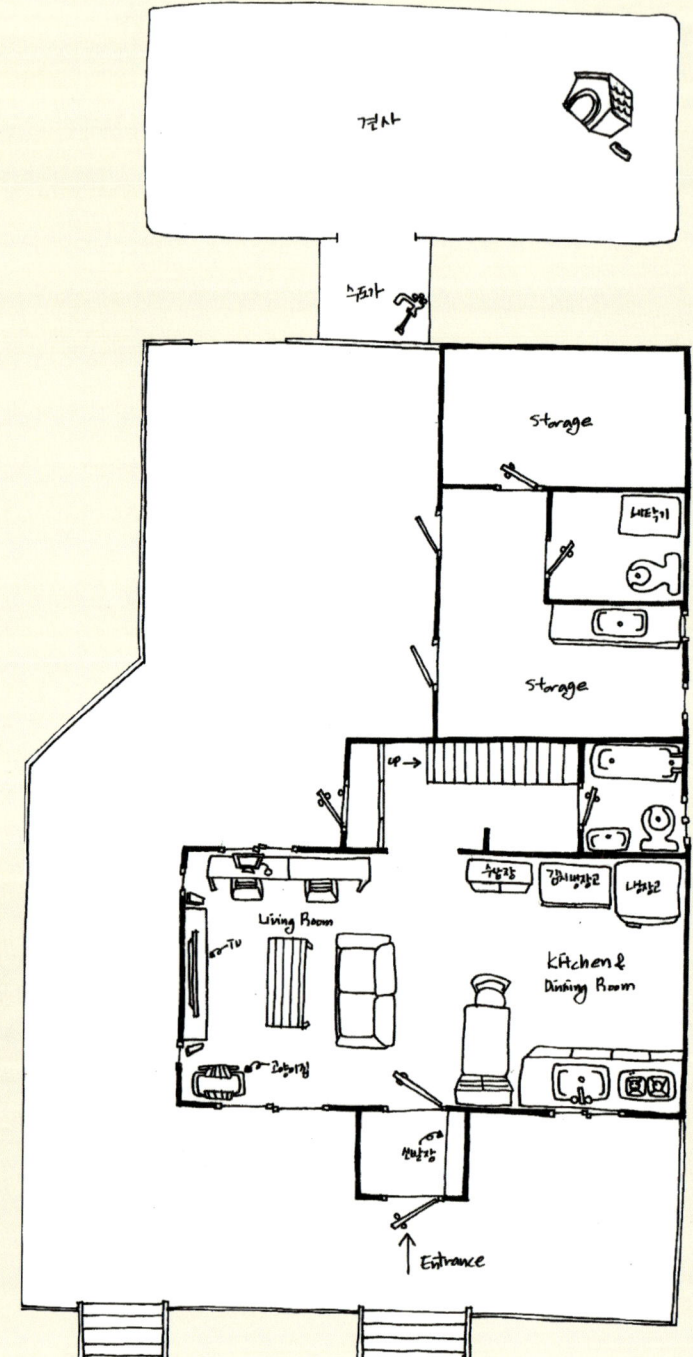

After

[Kitchen & Dining] 세탁기 매입이 가능하도록 아일랜드형 싱크대로 교체하고, 다이닝룸의 기능을 함께 하도록 구성합니다.

[Living Room] 애매한 여유 공간을 두기보다 손님이 왔을 때 활용도를 높이기 위해 3인용 소파 두 개를 둠으로써 응접실의 기능을 확대했습니다.

[Powder Room] 욕실 앞을 파우더룸으로 만들고, 계단 밑 공간에는 욕실용품 등을 수납할 수 있게 했습니다.

[Guest Room] 창고로 방치되어 사용하지 않던 공간을 입구가 따로 있는 방으로 분리하여 창고와 게스트룸으로 꾸밀 예정입니다.

[Deck] 원두막 철거로 생긴 방부목으로 야외 테이블 제작

[Kitchen Garden] 견사로 쓰던 곳을 텃밭으로 바꾸었습니다.

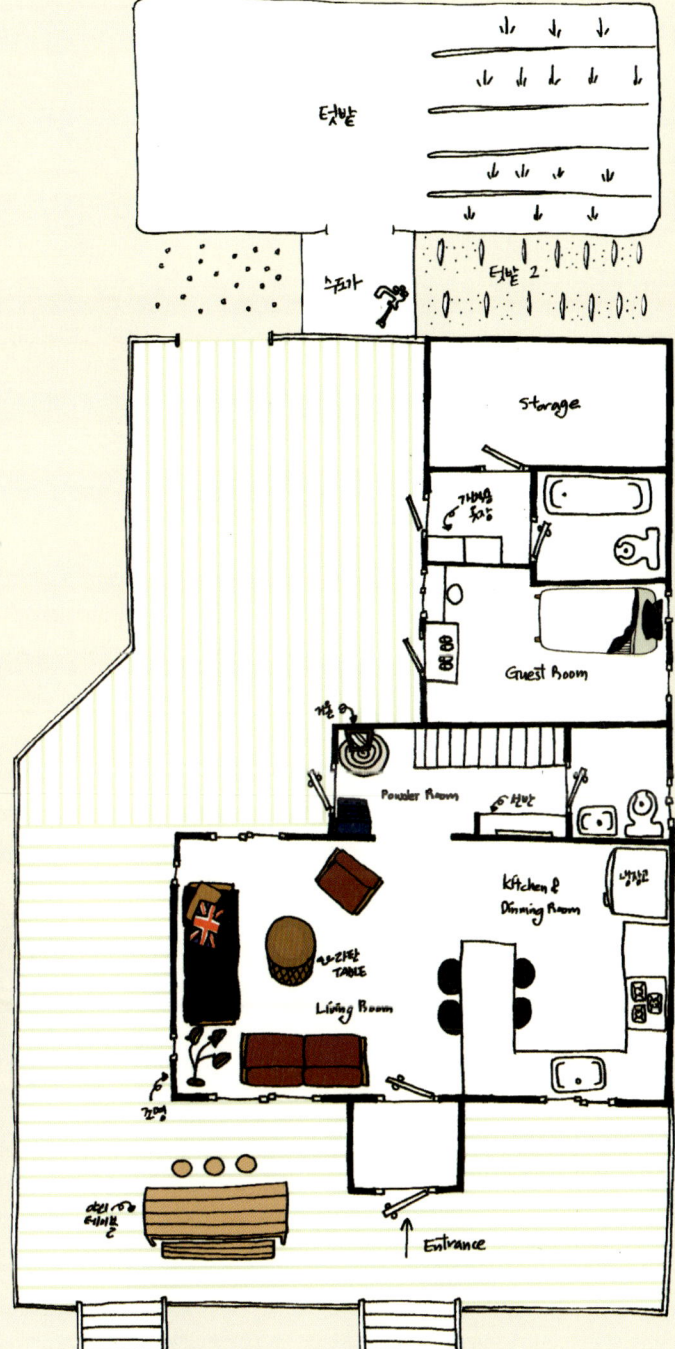

After _ Kitchen & Dining Room

쿡탑의 위치를 옮겨 주고, 답답한 상부장 대신 일자형 무지주 선반을 설치하여 자주 사용하는 그릇과 냄비를 수납했습니다. 주방 벽과 통일된 타일로 마감한 아일랜드를 만든 후 주방 쪽에는 밥솥과 전자레인지를 수납하고, 거실 방향에 세탁기를 매입시켰습니다.

Kitchen & Dining Room

Before

- 전에 살던 사람들의 짐이 빠지고 난 뒤의 1층 모습은 그냥 직사각형 모양의 칙칙한 싱크대가 볼품없는 모습으로 한쪽 구석에 놓여 있었습니다. 덩그러니 싱크대만 놓인 1층을 보니 원룸에 와 있는 듯한 착각이 들 정도였습니다. 물이 많은 지역답게 습기가 많이 올라와 벽지가 망가져 있었고, 바닥은 강화마루에 전기 패널로 난방을 해결하고 있었습니다.
- 한 번도 사용해 본 적 없는 전기 패널로 겨울을 날 수 있는지 의문이 생겼지만, 일단 여름이니 패스!
- 천장의 조명등 안에 벌레들이 가득해서 어두운 실내를 개선해야 합니다.
- W는 기름때가 잔뜩 낀 후드와 싱크대를 보면서, "이건 잘못된 선택일지 몰라. 독특하고 예쁜 외관에 홀려서…." 라며 말끝을 흐립니다.

/ 조승진 + W 하우스: 전원주택 전세로 살아보기 /

After

- W는 전체 평수에 비해 좁은 실내 구조를 가장 효율적이면서 넓고 환하게, 그리고 북유럽의 따뜻한 오두막집처럼 만들 거라고 하더니, 흰색 벽지에 흰색 타일을 고르고, 아일랜드도 타일로 마감했습니다. 하지만 W는 흰색 메지(벽돌을 쌓거나 타일을 붙일 때, 사이사이에 바르거나 채워 넣는 부분)를 넣었더니 집안 전체가 너무 하얗게 되어 개성이 없고 밋밋하다며, 메지를 바꾸겠다고 합니다. 밝고 경쾌한 컬러의 그레이로 색을 넣은 듯 안 넣은 듯이 색을 주겠다며 메지를 두 번이나 긁어냈습니다. 시공팀을 시시때때로 부를 수 없기 때문에 몇날 며칠을 조금씩 조금씩 긁어서 파내는 W. 설계된 디자인을 한땀 한땀 연출해 나가는 W의 집요함 때문에 고생을 하긴 했지만 결과적으로 은은한 컬러의 그레이 메지는 참 잘한 선택이었습니다.
- 싱크대 상판은 목재를 사용했습니다. 싱크대 상판으로 목재를 사용하는 것은 내구성이 좋지 않아 보통 추천하지 않습니다. 다만 전셋집이기 때문에 오래 사용할 수 없으니 W가 소재로 쓰고 싶어했던 자작나무로 싱크대 상판을 만들었습니다.
- 디자인의 목적으로 목재나 타일 같은 소재로 싱크대 상판을 제작할 때도 있지만, 관리가 쉽지 않고 내구성이 약해 오래 사용하기 어렵습니다. 그것을 감안한다면 OK.

After _ Living Room

Living Room

- 바닥 보일러를 시공한 후 무광 흰색 타일로 마감하고, 보일러 시공으로 낮아진 층고는 매립식 LED 조명을 설치해 시선에 걸림돌이 없도록 했습니다. 전원주택이라 전등갓에 벌레들이 많이 들어가는데, 이젠 벌레들도 들어가지 못할 듯합니다.
- 거실은 3인용 소파 둘과 암체어로 가득 채웠습니다. 3인용 소파 하나와 암체어만 두면 될 사이즈의 거실이었지만, 그랬을 때 남는 공간이 애매하여, 손님을 여러 명 초대해도 거뜬하게 앉을 수 있도록 구성하였습니다.
- 가구가 공간의 대부분을 차지하기 때문에 스탠드 하나 정도만 두고 벽은 심플하게 남겨 두어 답답하지 않도록 했습니다. 오브제 역할의 스탠드 조명과 유니언잭 프린트의 쿠션 패브릭으로 포인트를 주었기 때문에 액자나 소품들이 없어도 심심하지 않은 공간이 되었습니다.

좁은 공간에는 벽 장식보다 패턴이 있는 러그나 패브릭 등을 활용해 하부 쪽에 포인트를 주면 시각적으로 답답하지 않을 뿐 아니라 공간의 재미까지 더할 수 있습니다.

After _ Powder Room

Powder Room

- 보일러 난방을 하기 전 순간 온수기가 설치되어 있어 수납이 불가능했던 1층 욕실 입구 계단 밑 공간에 수납 선반을 제작하고, 뒷문 입구에 전신거울과 액세서리, 화장품, 약품, 속옷, 양말 등을 수납할 수 있는 멀티 수납장을 제작해 넣었습니다. 수납 항목에 따라 서랍장의 높이를 달리해 스마트한 수납이 가능하도록 합니다.
- 욕실 입구의 계단 밑 수납 선반에 수건과 같은 용품들을 놓고, 맞은편으로 선반과 거울을 두어 선반 화장대를 설치하여 파우더룸으로 활용합니다.

계단 밑의 삼각형 데드 스페이스에 와인을 보관하기 위해, 바닥 난방 시공 시에 보일러 배관을 넣지 않았습니다. 타일 바닥이라 서늘한 온도를 유지한 덕분에 와인을 보관하기가 좋은 공간이 되었습니다.

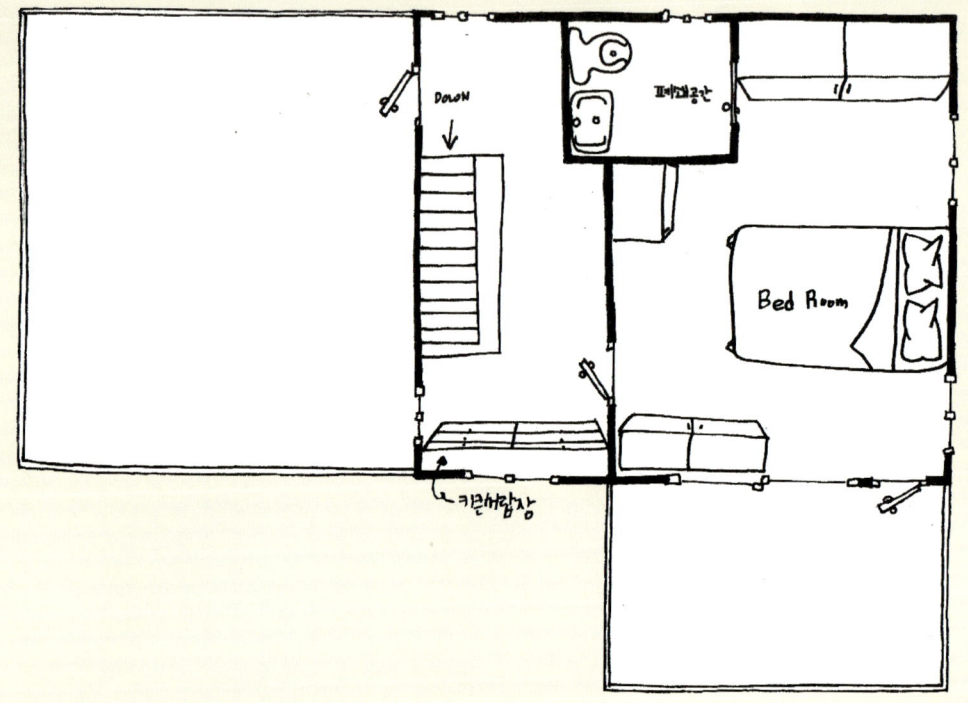

2F 공간의 문제점 & 개선사항

Before
- 어두운 베이스 컬러 교체하기
- 사용하지 않는 침실의 욕실을 수납을 위한 드레스룸으로 변경
- 2층 계단과 침실 사이 공간을 서재로 쓰기. 침실 도어를 슬라이딩 도어로 교체

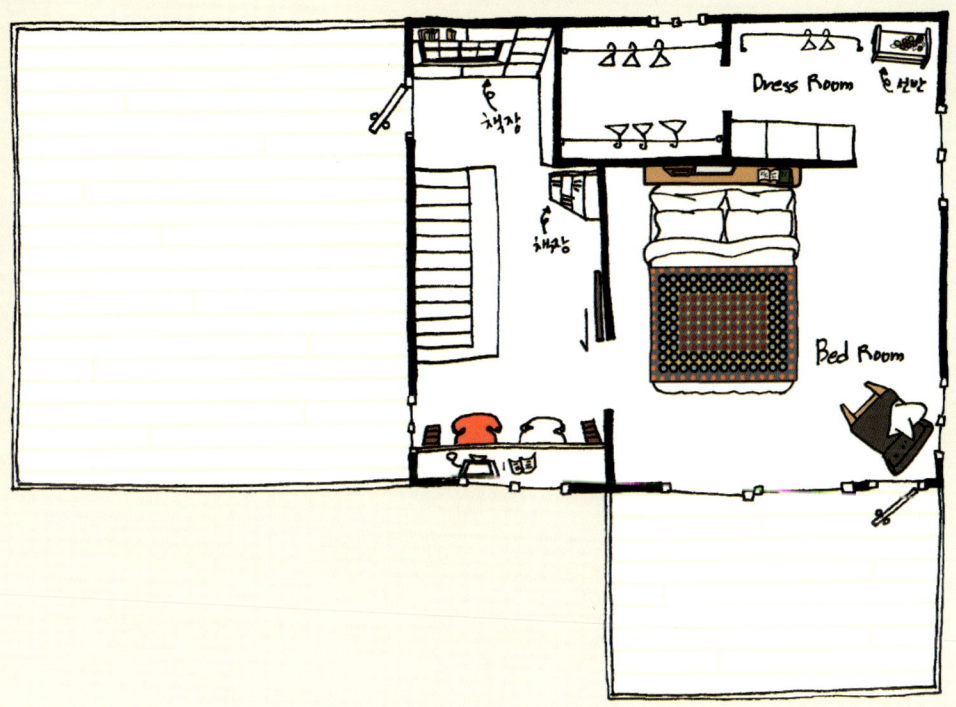

After

[Work Room] 2층으로 올라오는 계단과 침실 사이 공간에 책장과 책상을 맞추어 넣어 작은 서재로 활용합니다.

[Bedroom & Dress Room] 이 작은 전원주택에는 욕실이 세 개나 있습니다. 1층에 두 개, 2층에 한 개. 공간도 부족한데다가 단 둘이 살면서 욕실을 세 개씩이나 쓸 필요가 없기 때문에 욕실 하나를 과감히 리노베이션했습니다. 망가진 욕실 도기류를 없애고, 미니 드레스룸으로 활용합니다. 욕실 벽을 침실쪽으로 길게 연장하여 가벽을 세워 침실과 드레스룸을 구분했습니다.

After _ Work Room

Work Room

- 창가에 서랍장만 하나 덩그러니 있던 공간은 1층과 2층을 연결하는 역할이 전부였으나, 저는 창이 셋이나 있는 이 공간을 보고 작은 서재를 만들어야겠다는 생각이 들었습니다. 계단 입구 창을 제외한 벽에 책장을 제작하고, 맞은편 창가에는 공간에 맞게 빨간 벽돌에 목재 상판을 올려 책상을 제작해 주어 간단한 서재 공간을 꾸몄습니다.
- 서재 방향으로 열리던 여닫이 침실 도어를 슬라이딩 도어로 변경해 책상에 앉아도 도어의 동선이 영향을 받지 않습니다.

큰 공간은 아닐지라도 집의 어느 한 벽면을 책장으로 이용하여 서재로 활용하면 누구나 자신만의 서재를 만들 수 있습니다.

After _ Bedroom & Dress Room

Bedroom & Dress Room

- 자기 전 항상 인테리어 서적을 들춰보는 우리 부부를 위해 침대 헤드 보드를 책상으로 만들었습니다.
- 베개와 쿠션을 치우면 다리를 넣어 앉을 수 있어 노트북을 이용할 수 있는 간단한 책상으로서의 역할을 할 뿐 아니라 침대 사이드 테이블의 역할과 액자와 소품을 둘 수도 있어 활용도가 매우 좋습니다.

이 집은 3층짜리 집입니다. 제일 꼭대기층에 자그마한 방이 한 개 더 있습니다. 그곳에 천체망원경을 놓고 초롱초롱 빛나는 별을 보려고 했는데, 아직까지 실행에 옮기지 못하고 있습니다. 그곳 외에도 아직 수리할 곳이 많이 남아 있습니다. 둘이 살면서 하나씩 하나씩 바꿔갈 생각입니다. 이사 가는 그날까지 쭈욱!

옷장을 둘만한 공간이 부족하고, 침실 화장실은 활용도가 낮아, 침실 화장실의 욕실 도기를 제거한 후 벽 단열을 하여 드레스룸으로 바꿨습니다. 가벽을 세워 침실과 드레스룸으로 공간을 분리했습니다. 수도관 파이프를 이용해 의류 행거를 제작하여 많은 양의 옷을 수납할 수 있도록 했습니다.

생활공간 아이디어 1

계약 전 반드시 체크해야 할 7가지

전·월세인 경우 인테리어하기 전에 집주인의 공사 허락을 반드시 받아야 합니다. 신축 자가 입주자라면 시공사와의 조율이 필요합니다.

1_ 욕실 및 싱크대 수량과 수압 및 배수 체크 노후 집에서 많이 있는 현상인데요, 입주 후 자주 문제가 생기는 곳이니 계약 전 꼭 확인해야 합니다. 곰팡이 발생 등 위생이나 미관에도 좋지 않습니다.

2_ 냄새를 잘 맡아 보세요 집안 내부에서 퀴퀴한 냄새가 나는지 또는 물샌 자국이 있는지 꼼꼼히 살펴보세요. 결로나 누수가 있을 수 있습니다. 만약 결로나 누수가 의심되면 거주자나 집주인에게 그 원인에 대해 자세히 물어보세요. 누수나 결로 때문에 가구가 망가질 수도 있어요. 베란다 결로도 함께 체크하세요. 물이 스며든 흔적이나 페인트가 지워진 흔적 또는 누렇게 핀 곰팡이가 있을 수 있습니다.

3_ 방문 도어에는 여닫이와 미닫이문이 있는데요, 열고 닫고 한두 번씩만 해 보면 도어가 내려앉았는지 아닌지 금방 알 수 있습니다. 내려앉았다면 뻑뻑한 느낌이 날 겁니다. 슬라이딩 도어라면 덜컹거리지는 않는지 살펴보세요. 만약 덜컹거린다면 레일에 이물질이 끼었거나 노후의 문제입니다.

4_ 새시와 실리콘 새시와 실리콘 노후는 겨울철 결로 현상과 집 내부 온도 저하의 주범입니다. 가스값 도둑놈입니다. 새시와 실리콘 처리가 잘 되어 있지 않으면 아무리 기름을 때도 춥고 돈도 많이 들어요.

5_ 바닥재 바닥재가 마루라면 썩었는지 안 썩었는지 살펴보고, 원인이 무엇인지 꼭 물어보세요. 단순한 물 흘림이라면 상관없지만 보일러 배관 문제라면, 수리 유무도 체크하세요.

6_ 채광 집값이 싸다고 좋지 않은 환경을 참고 살아야 하는 건 아니라고 생각합니다. 채광과 통풍이 잘 되는 집을 구해야 뽀송뽀송한 보금자리에서 기분 좋게, 알콩달콩 살 수 있답니다. 채광, 통풍이 안 되면 집안 전체가 눅눅하고 잔병 또한 쉽게 생깁니다.

7_ 방범 낮은 층에 있는 집을 구했다면 방범창은 필수로 체크해야 합니다. 너무 예민하게 집안 구석구석을 조사하듯이 살피면 집주인들이 싫어할 수도 있으니 둥글게 표 안나게 살피는 것 잊지 마세요.

LITTLE
HOUSE
RENOVATION

BOOK CAFE STYLE

좁디좁은 아파트에 예쁜 북카페가 들어온 날

주거 형태_ 49m²(15평형) 아파트 **시공 기간**_ 25일
총비용_ 1350만원(욕실, 도배, 바닥, 싱크대, 전기&조명, 페인트, 목공, 신발장, 타일 및 홈스타일링)

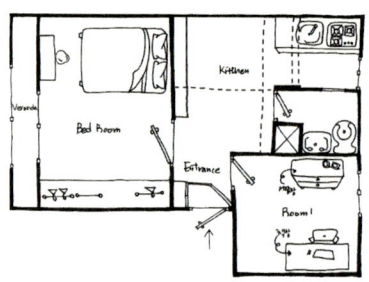

작은 집의 단점인 공간의 부족함을 최대한 보완하고,
수납과 실용적인 공간 활용에 포인트를 둔 북카페 스타일의 신혼집

BOOK CAFE STYLE
RENOVATION

Meeting

더위가 한창 기승을 부리던 어느 여름날 오후, 한 통의 전화를 받았습니다. 결혼을 앞둔 예비신부였습니다. 리빙스페이스(LINING SPACE) 블로그를 보고, 여기저기 연락처를 수소문하여 전화를 한 겁니다. 예비신부와 현장 방문 미팅 일정을 잡았습니다.

드디어 현장을 방문하는 날. 뙤약볕이 내리쬐는 정오에 아파트 입구에서 기다리는 예비부부를 만나 간단한 인사를 나눈 후 곧바로 아파트로 향했습니다. 5분 정도 걸어가다가 예비부부가 발걸음을 멈추었습니다.

"여기 5층이에요."

"여기요?"

신혼부부의 신혼집은 엘리베이터가 없는 저층 아파트의 5층이었습니다.

'아… 까마득하다.'

기록적인 더위에 전국이 몸살을 앓던 한여름에 엘리베이터도 없는 5층 아파트까지 오르락내리락 할 생각에 정신이 아찔했습니다.

예비신부도 제 마음을 읽었는지 "더워서 힘드시겠죠?"라고 물으며 멋쩍어합니다.

"아닙니다, 늘 하던 일인데요."

활짝 웃으며 프로젝트를 진행할 곳의 문을 열고 들어가 집과의 첫 대면을 시작했습니다. 제가 집안의 이곳저곳을 꼼꼼히 살피는 내내 예비신부의 안색이 좋지 않았습니다.

결혼 후 살게 될 첫 집이라 남들처럼 세련되고 예쁘게 꾸미고 싶지만, 아파트 자체가 낡고 오래되어 어디서부터 어떻게 손을 대야 할지 막막했을 뿐만 아니라 전셋집이기 때문에 많은 돈을 투자하기가 아까웠기 때문입니다. 평생 살 내 집이 아닌 이상, 전셋집에 많은 비용을 투자하여 리모델링하기란 그 누구에게도 쉽지 않은 일입니다. 하지만 신혼집의 경우, 가족 친지는 물론 회사 동료, 친구들의 방문이 가장 많은 시기이기 때문에 더욱 신경 쓰이게 마련입니다. 저도 그분들의 심정을 잘 압니다. 그래서 특별히 손볼 곳이 없는 집은 제가 카운슬링을 무료로 해 드리기도 합니다. 페인팅이나 도배, 장판만 새로 해도 훌륭한 집이 많기 때문입니다. 공간별로 컬러만 통일해도 훨씬 넓어 보이고, 예뻐 보이기 때문에 꼭 큰돈을 들이지 않아도 됩니다.

예비부부는 이 집의 주방부터 욕실까지 모두 깨끗하게 바꾸고 싶어했습니다. 당연합니다. 내 인생에 첫 집이니까요. 그리고 아름다운 신혼이니까요. 하지만 이곳이 재개발 예정 지역인데다가 전셋집이어서 결정을 내리지 못했던 겁니다.

저는 예비부부에게 가장 먼저 집 주인에게 양해를 구하라고 말씀드렸습니다.

어디까지 수리해도 되는지, 원상 복구 조건은 없는지, 재개발될 때까지 입주 기간을 보장해 줄 수 있는지……. 얼마 안 되어 집 주인으로부터 반가운 소식이 돌아왔습니다. 원하는 대로 마음껏 고쳐도 되며, 입주 기한도 예비부부가 원하는 대로 해 주겠다는 대답이었습니다.

자, 이제 본격적으로 상담을 해야 할 시간이 되었습니다.

저는 예비부부와 공간별 상담을 시작했습니다. 원하는 디자인이나 컬러가 있는지, 특별히 만들고 싶은 공간이 있는지, 어떤 집을 원하는지 등을 하나하나 꼼꼼히 여쭤보았습니다.

"신부님, 특별히 원하는 디자인이나, 평소 좋아하는 색상이 있으신가요?"

"아니요, 그냥 알아서 예쁘게 해 주세요."

"그럼 이 작은 방은 어떻게 사용할지 생각해 보셨어요?"

"아니요, 그냥 알아서 살기 편하게 해 주세요."

대부분의 클라이언트는 본인들이 원하는 디자인을 정확하게 설명하지 못합니다. 인테리어나 리모델링을 직접 해 본 경험이 없기 때문에 막연할 수밖에 없습니다. 만약 여러분이 인테리어를 염두에 두고 있다면, 전문가와 상담하기 전에 내가 원하는 디자인과 색상 등을 잡지나 인터넷에서 스크랩해 두면 좋습니다. 시공자와 상담할 때 자료들을 보여 주며 내가 스크랩한 디자인이 지금 우리 집에 어울리는 디자인인지, 작업시 문제점은 없는지, 예상 비용 내에서 가능한지 구체적인 이야기가 오갈 수 있기 때문입니다. 내 의견이 시공하는 데 적극 반영될 수 있다면 더욱 만족스러운 신혼집이 될 수 있습니다.

충분한 대화를 통해 이들 부부가 원하는 방향을 찾을 수 있도록 돕는 게 바로 제 일입니다. 클라이언트보다 제가 더 이 집의 특성을 잘 알아야 합니다. 그래야 더욱 명확하고 실용적인 디자인이 나올 수 있고, 앞으로 이 집에서 생활할 부부의 삶이 더욱 행복해집니다.

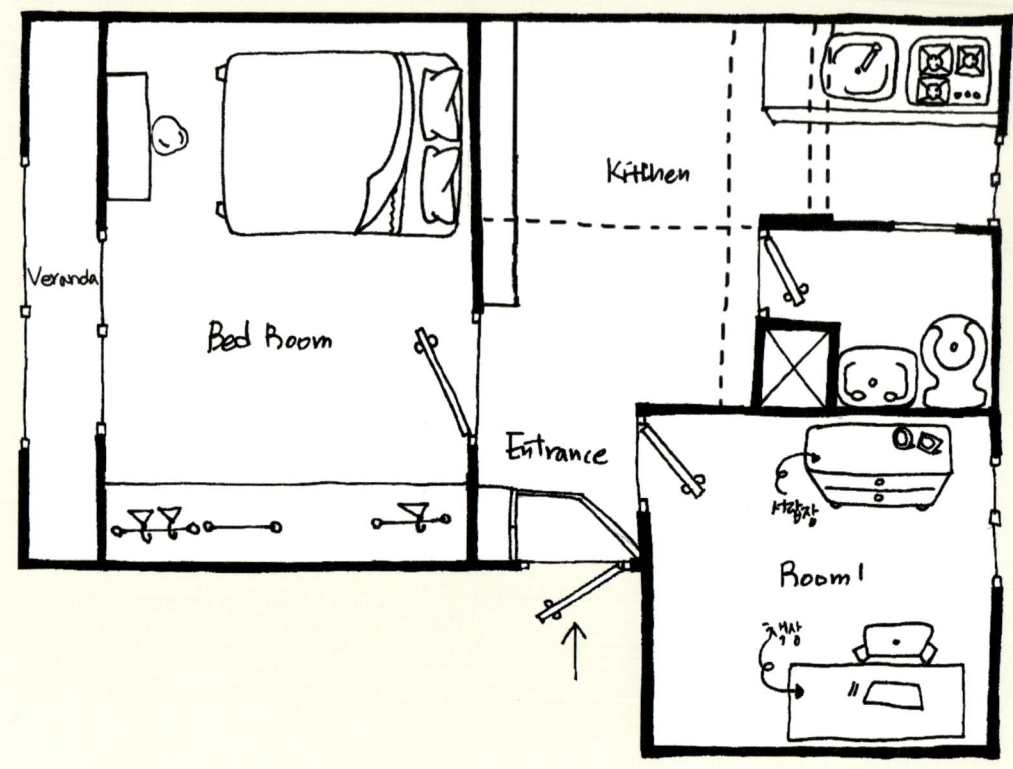

공간의 문제점 & 개선사항

Before
- 거실과 주방의 개념이 따로 잡히지 않은 아파트입니다. 이 상태로는 어떠한 공간으로도 활용하기 쉽지 않습니다.
- 큰방은 문제없으나 다른 하나의 방이 너무 작아 이 방을 온전한 침실 공간으로 사용하기에는 무리가 있어 보입니다. 작아도 너무 작습니다. 책상 하나만 들어와도 꽉 찰 듯합니다.
- 집이 작다 보니 수납공간이 없어 매우 불편해 보입니다.
- 주방의 냉장고 자리가 너무 협소하여 양문형 냉장고를 배치할 수 없을 정도입니다.
- 싱크대도 오래된 모델이라 사용하기 불편해 보입니다.
- 전체적으로 집이 낡다 보니 교체해야 할 곳도 많습니다.

After

[**Living Room**] 거실이 없는 구조이기 때문에 리빙룸을 만들기로 했습니다. 거실로 통하던 큰방 도어를 과감히 없애 햇살이 집안 가득 들어올 수 있도록 했습니다. 또한 양방향 수납이 가능한 가벽을 방의 정중앙에 설치해 리빙룸이 멀티룸의 역할을 할 수 있도록 했습니다. 가벽의 앞쪽에는 1인용 소파 두 개와 사이드 테이블을 배치하여 TV 공간 및 책 수납, 간단한 데코레이션이 가능하도록 했습니다. 가벽의 뒤쪽에는 시스템 행거와 옷 수납이 가능한 장을 설치하여 드레스룸을 만들었습니다.

[**Kitchen**] 좁았던 싱크대를 시원하게 연장하여, 주방의 조리대 역할은 물론 소형 주방가전들을 수납할 수 있도록 했습니다. 주방가구 제작 전 냉장고가 들어갈 공간을 염두에 두어 스마트한 주방이 되도록 했습니다.

[**Bedroom**] 작은방은 군더더기 없는 깔끔한 침실과 미니 파우더룸의 역할만 하도록 구성했습니다.

After _ Kitchen & Dining Room

Kitchen & Dining Room

Before 부족한 수납공간, 좁디좁은 싱크대, 답답한 천장보

작은 아파트의 경우 베란다 공간을 주방으로 개조하여 싱크대를 억지로 배치하는 경우가 종종 있습니다. 이 집이 바로 그런 곳입니다. 비록 주방 공간을 조금 넓혀 주었다고는 하지만 요즘 신세대 주부들이 원하는 충분한 공간은 아닙니다. 900리터 양문형 냉장고를 어디에 두어야 할지 애매합니다. 또한 음식을 만들 조리대 공간이 협소한 싱크대는 너무 불편해 보입니다.

거실의 천장보와 외부에 있어야 할 오수관이 주방에 떡 하니 자리 잡고 있습니다. '+'모양으로 튀어나와 있는 천장의 보는 싱크대 상부장이 갖춰야 할 수납의 역할마저도 방해하고 있을 뿐 아니라 거실을 더욱 좁아 보이게 합니다.

1_ 싱크대 옆 냉장고 자리
2_ 주방
3_ 화장실 입구

After

- 예비부부와 상의해 결정한 디자인 콘셉트는 답답하지 않으면서 따뜻한 북카페 스타일입니다. 기존 안방을 거실로 확 바꾸었습니다. 주방에는 새로 맞춘 싱크대 옆으로 대형 냉장고와 책상 겸용 식탁을 두어 북카페처럼 식사는 물론 책을 볼 수 있는 서재의 공간으로 연출했습니다.
- 천장보 때문에 답답하던 싱크대의 상부장을 모두 철거하고 대신 오픈형 원목 반장을 달았습니다. 오픈형 상부장은 선반보다는 형식적인 맛이 있고, 개방되어 있어 시원한 느낌을 줄 뿐 아니라 원목이 주는 따뜻한 느낌 덕분에 카페 분위기를 물씬 느낄 수 있습니다. 선반형이 아니기 때문에 위쪽으로 예쁜 냄비나 그릇을 올려 데코레이션 할 수 있고, 수납도 할 수 있어 일석이조의 효과를 볼 수 있습니다.
- 싱크대 상판은 컬러 있는 타일로 마감하여 카페 느낌이 나도록 했습니다. 타일 싱크대 상판은 물을 쓰는 주방에서 활용하기 좋은 아이템입니다. 이번 현장은 활용도가 심하게 나쁜 싱크대였기 때문에 전체 교체를 했지만, 깨끗한 전셋집일 경우는 타일로 상판만 교체해도 훨씬 감각적인 주방을 만들 수 있습니다.
- 싱크대 하부장은 계산해 둔 공간에 맞춰 최대한 길게 연장하여, 조리 공간을 충분히 확보해 주었습니다. 주방의 전자레인지, 밥솥, 토스트기 등 소형 가전을 수납할 수 있도록 만들었습니다.
- 주방의 벽은 싱크대상판 타일과 잘 어울릴 수 있도록 광이 많지 않은 화이트 컬러 타일을 선택하였습니다. 크지도 작지도 않은 정사각형의 타일입니다. 좁은 주방이 넓게 보이는 효과도 있지만 깨끗한 느낌을 줄 수 있기 때문입니다. 프로방스 풍을 약간 가미하여 북카페 스타일의 주방 느낌이 나도록 했습니다. 취향과 주방 가구에 맞게 포인트 타일로도 충분히 멋을 낼 수 있습니다.
- 양문형 냉장고 자리를 미리 염두에 두고 설계를 했기 때문에 보기 좋게 냉장고를 배치할 수 있었습니다.

- 보기 싫고, 골칫거리였던 천장보는 앞뒤 양면 그릇 및 책을 수납할 수 있도록 선반을 제작, 설치하여 공간의 효율성을 높여 주었습니다. 덕분에 천장보는 더 이상 골칫거리가 아닌 선반을 달 수 있는 튼튼한 벽체의 역할을 하게 되었습니다.
- 조명은 흔한 원형이나 네모 모양의 조명이 아닌 레일 조명을 설치했습니다. 레일 조명은 내가 원하는 곳에 별도로 추가 설치할 수 있어 좁은 골목 느낌의 주방을 밝게 비출 수 있었습니다. 너무 많은 레일 조명을 설치하면 자칫 어수선한 느낌을 줄 수 있습니다. 그래서 쿡탑을 이용하는 공간에는 레일 조명이 아닌 빈티지풍의 도장 마감 조명을 이용하여 포인트를 주었습니다. 한층 더 캐주얼한 카페의 주방이 되었습니다.
- 주방에 있는 낡은 창의 한 부분을 조명 시공 전 미리 레드 컬러로 조색하여 도장 작업을 해 두었습니다. 현관문과 창문, 조명, 시계를 이 집의 포인트 컬러가 되도록 했습니다.

After _Living Room

Living Room

Before

- 아무래도 세를 많이 주던 집이다 보니 관리 상태가 엉망이었습니다. 외부 결로 때문에 벽 군데군데에 곰팡이가 많이 피어 있었습니다. 벽지를 뜯어내다 보니 벽지의 두께 또한 매우 놀랍습니다. 책 한 권 정도의 두께는 충분할 듯했습니다. 벽면이 고르지 못할 때 평탄화 작업을 하면 비용이 발생하기 때문에 기존 벽지 위에 덧댐 도배 시공을 되풀이한 결과입니다.

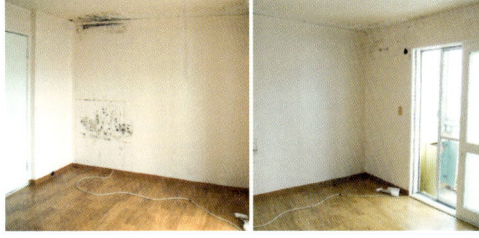

- 도배 덧댐 시공은 문제를 근본적으로 해결하기보다는 눈에만 보이지 않게 숨기는 작업입니다. 결국 얼마 가지 않아 똑같은 증상이 또다시 발생하게 됩니다. 결로를 근본적으로 해결하기 위해서는 기존의 벽지를 모두 제거한 후 충분히 말려 주고, 결로의 원인을 찾아서 방수 및 단열 시공을 해야 합니다.
- 조금 귀찮고 비용이 든다고 결로를 해결하지 않는다면, 습기 많은 여름이나 환기하기 어려운 겨울철에 곰팡이가 생겨 건강과 위생에 매우 좋지 않습니다. 곰팡이가 있는 곳에 배치한 가구에도 곰팡이가 번져 오래 사용할 수 없게 됩니다. 번거롭더라도 결로는 반드시 해결해야 합니다.

After

- 좁은 집일수록 개성이 강한 다채로운 컬러를 쓰기보다는 밝은 계열의 단색을 활용하면 집이 더 넓고, 차분하게 보입니다. 이 집 역시 아이보리 계열의 벽지와 라이트 그레이 컬러의 바닥재를 이용해서 넓어 보이는 효과를 주었습니다. 자칫 밋밋할 수 있는 벽은 캔버스 액자를 걸어 포인트를 줌과 동시에 캐주얼한 느낌을 주었습니다.

- 거실 소파는 큰집으로 이사 가도 활용할 수 있도록 1인용 소파 두 개를 놓았습니다. 또 소파와 소파 사이에 콤팩트한 테이블을 놓아 신혼부부가 영화를 보면서 차 한 잔의 여유를 느낄 수 있는 대화의 공간이 되도록 했습니다. 작은 집이라고 2인용 소파를 두면 움직이기도 힘들 뿐 아니라 공간 활용도가 더 떨어지기 때문에 1인용 소파를 부부에게 제안했습니다. 1인용 소파는 큰 집에 가서도 서재나 침실 등 어디에나 배치하기 좋습니다. 또한 커버 교체만으로도 분위기를 바꿀 수 있기 때문에 다른 공간에서 얼마든지 활용할 수 있는 좋은 아이템입니다.
- 거실의 조명은 방과 동일한 레일 조명을 설치했습니다. 좁은 집일수록 여러 모양의 조명을 설치하여 산만하고 어수선하게 만들기보다는 같은 제품으로 일관되게 설치하여 심플한 느낌을 주는 것이 좋습니다.

스탠드가 보이시나요? 백열 조명은 천장의 형광 조명이 주지 못하는 화사함과 따뜻함을 줍니다. 신혼부부 집에 잘 어울리는 아이템입니다.

Living Room & Dress Room

좁은 집일수록 공간을 멀티로 사용하라

- 저는 신혼부부가 함께 쉬며 즐길 수 있을 뿐 아니라 공간을 효율적으로 활용할 수 있는 방법을 궁리했습니다. 그래서 큰방을 거실과 드레스룸으로 활용하기로 했습니다. 먼저 큰방 중앙에 TV 거치형 책장과 수납형 책장으로 가벽을 세워 공간을 두 개로 분리했습니다. 가벽의 뒤쪽은 시스템 행거와 수납장을 배치하여 미니 드레스룸으로 활용하고, 앞쪽은 거실로 이용하도록 해서 공간을 다양하게 활용할 수 있게 한 겁니다. 즉, 앞쪽은 부부가 TV를 시청하거나 차를 마시는 공간으로, 뒤쪽은 드레스룸으로 만든 겁니다.
- 멀티룸의 수납형 가벽 역할을 하는 제품은 현장 제작 제품이 아닌 기성 제품을 활용했습니다. 이유는 간단합니다. 고정형 가벽을 설치하면 이사할 때 가져갈 수 없기 때문입니다. 설치할 방의 사이즈를 실측한 뒤, 기성 가구 사이즈와 앞, 뒤 디자인을 선택하여 가구점에 주문하면 됩니다. 비용과 실용, 두 마리 토끼를 잡은 셈입니다.
- 가격이 저렴한 가구는 자재가 좋지 않은 경우가 많습니다. 당연히 견고함이 떨어져 오래 사용할 수 없습니다. 집이 작다고 해서 작고 저렴한 제품을 사는 것보다 미래 활용도를 생각하여 구매하는 편이 좋습니다.
- TV와 책을 함께 수납할 수 있는 가벽으로 비록 좁은 공간이지만 거실, 서재, 드레스룸의 공간이 생겼습니다. 작은 집일수록 효율으로 공간을 활용해야 좁지만 있을 건 다 있는 알찬 집이 될 수 있습니다. 멀티 시스템을 잘 활용한다면 큰집도 부럽지 않습니다.

Bedroom

Before 작은방은 침실로만 활용하기
오래된 집들은 대체로 안방은 크게, 작은방은 아주 작게 구성되어 있습니다. 작은방의 경우 간혹 침대도 들어가지 않을 정도로 아주 작습니다. 다행히 이 집의 작은방은 침대를 놓기에 좋은 크기입니다. 하지만 책상이든 침대든 딱 한 가지 가구만 배치할 수 있을 정도입니다. 침대와 작은 책상을 함께 넣어 컴퓨터를 놓을 수는 있습니다. 다만 부부의 생활 패턴이 다를 경우 다른 한 사람에게는 고충이 될 수 있으므로 침실은 침실로만 활용하는 것이 좋습니다. 그래서 작은방은 침대만 넣기로 했습니다.

After
작은방이라는 점을 감안해 최소의 가구로 안락한 침실을 만드는 데 포인트를 맞췄습니다. 스타일링을 마치고 나니 신혼부부에게 어울리는 따뜻하고 러블리한 침실이 탄생했습니다.
- 침대 헤드 대신 빅 쿠션을 직접 만들어 스타일링했습니다.
- 창문 아래쪽에 긴 선반을 달아 사이드 테이블 역할을 대신했습니다. 잠들기 전에 책을 빼서 볼 수도 있고, 휴대폰을 둘 수도 있는 기능성 선반 역할을 하게 될 겁니다.
- 집게형 조명을 선반에 설치해서 스탠드 조명이 차지하는 공간을 줄일 수 있었습니다.
- 침대 옆으로는 화상대를 대신할 선반 두 개와 거울을 걸었습니다. 화장대 선반은 신혼을 알뜰하게 시작하고 싶다는 예비신부님을 위한 저의 작은 선물이었습니다. 화장대 또한 제법 가격이 나가는 가구이기 때문입니다. 결과는 대성공이었습니다. 이 역시 좁은 공간임을 감안한 아이디어였습니다. 화장대를 별도로 배치하지 않아 작은 방이 어수선하게 보이지 않을 뿐 아니라 데드 스페이스(Dead Space)를 효율성 있게 활용한 케이스입니다.
- 푸른 빛의 철재 의자는 화장대 의자이지만, 가끔은 사이드 테이블 대용으로도 사용힐 수 있도록 등받이 없는 심플한 모델을 골랐습니다. 컬러도 예쁘고 활용도 좋아 신혼부부들이 좋아하는 의자입니다.
- 작은 가구를 살 때 활용도를 여러 방향으로 생각해서 구매하면 생활하면서 겪는 불편함도 함께 줄어듭니다.

After _Bathroom

Bathroom

Before
심하게 노후한 화장실. 욕실 공사의 경우 타일 자재는 물론 부자재에 인건비까지 많은 비용이 발생하는 곳입니다. 마음 같아서는 전체 교체를 하고 싶지만, 이 집이 전세라는 점을 잊어서는 안 됩니다. 그래서 리폼의 개념으로 접근하기로 했습니다.

After
- 낡고 지저분한 욕실 도기류는 교체했습니다.
- 타일은 그대로 두되, 욕실용 친환경 페인트로 깨끗하게 덧칠했습니다.
- 수건장과 거울은 장과 거울이 좌우로 나란히 붙어 있는 형식에서 벗어나, 거울이 장 안으로 들어가 있도록 일체형으로 직접 제작했습니다. 수건장 문을 설치하지 않아 답답해 보이지 않고, 위아래로의 수납까지 가능합니다.
- 거울 반대편의 파란색 장을 반사시켜 시각적으로 더욱 넓어 보이는 효과를 주었습니다.
- 저저분해 보이는 낡은 화장실 문과 욕실의 작은 창은 너무 진하지 않게 블루 컬러로 주색하여 도장했습니다.
- 문고리도 교체하고 귀여운 네임택을 달아 신혼집의 재미와 귀여움을 더했습니다.

생활공간
아이디어
2

예쁜 주방 만들기

'주택의 꽃'은 바로 주방입니다. 방문 상담을 하다 보면 "주방 예쁘게 해 주세요." 하는 말씀을 많이 합니다. 제가 그때그때 말씀 드리는 주방 관련 팁 몇 가지 알려드리겠습니다.

1_ 신혼 집에 어울리는 예쁜 주방 만들기 "어떤 음식을 잘 하세요?" "요리를 많이 하는 편인가요?"
거주자의 취향을 알면, 더욱 편리하고 실속 있는 주방을 만들 수 있습니다.

음식과 요리에 취미가 있는 분들의 경우 조리 기구들도 종류별로 갖고 계십니다. 음식의 종류에 따라 조리기구들도 다르기 때문입니다. 재미있는 건 유심히 살펴보면 그 주방기구들의 질감과 컬러, 디자인 역시 음식의 종류에 알맞게 각각 다르다는 겁니다.

어떤 종류의 음식을 많이 요리하느냐에 따라 주방 디자인에도 많은 변화가 생깁니다. 먼저 주방 인테리어의 기본인 싱크대 컬러와 질감, 싱크대 상부 타일의 색감과 질감에 따라 주방 분위기가 확 달라집니다.

예를 들면 전체 화이트 싱크대 + 화이트 타일을 시공한 경우 무난하며 화사한 느낌을 줍니다. 화이트 싱크대 + 오렌지 상부 타일로 포인트를 주면 톡톡 튀는 귀여운 느낌을 살릴 수 있습니다. 화이트 싱크대 + 블랙 타일을 시공하면 모던한 느낌을 줄 수 있고요.

막연하게 '주방을 예쁘게 꾸며야지!' 하고 생각하기보다는 '어떻게, 어떤 모양으로 주방을 사용해야겠다.'는 생각을 하면 더욱 마음에 드는 공간을 만들 수 있습니다.

2_ 많은 수납이 필요 없는 경우 VS 수납이 많이 필요한 경우 주방 인테리어 기본 개념은 수납과 정리정돈이 기본이자 핵심입니다. 하지만, 집안을 정리한다며 어디엔가 꼭꼭 숨겨 놓으시는 건 아니겠

죠?^^ 정리정돈 할 때는 동선에 알맞게 기구들을 배치하고, 사용자가 쓰기 편리하게 정리하는 센스를 발휘해야 합니다. 보기 좋게 하기 위한 나열식 배치는 금물입니다.

먼저 수납공간이 별로 필요하지 않은 경우, 싱크대 상부에는 간단한 선반 정도만 만들어 놓고, 싱크대 컬러와 매칭되는 깔끔한 포인트 타일 및 액자 등의 소품을 활용하면 심플한 주방을 연출할 수 있습니다.

싱크대 상부장이 있는 것이 당연하다고 생각하지만, 수납이 많이 필요 없다면 과감하게 생략해 보는 건 어떨까요? 공간이 넓어 보이고 시야가 확보된 주방을 만날 수 있을 겁니다.

주방기구가 많고, 주방 수납공간이 많이 필요하다면 싱크대 상부장과 더불어 아일랜드 식탁과 별도의 수납공간을 만들어 주세요. 깔끔하고, 수납이 많이 되는 안정된 주방을 연출할 수 있습니다.

3_ 백색가전 VS 흑색가전 "냉장고, 드럼세탁기, 밥솥, 전자레인지 등의 정보 좀 주세요."

가전의 용량이나 컬러, 디자인 등을 미리 알게 되면 딱 떨어지는 빌트인이 아니더라도 빌트인 느낌으로 디자인할 수 있습니다. 화이트컬러의 가전일 경우 일반적으로 냉장고 및 김치냉장고 또는 드럼세탁기 등이 주방에 자리를 하게 되며, 화사한 느낌을 주는 역할을 합니다.

싱크대의 컬러와 냉장고장, 키큰장이 화이트 제품이라면 가전만 별도로 끊어지는 느낌이 아닌, 싱크대와 가전제품이 하나로 연결되는 효과를 줄 수 있고, 빌트인 느낌으로 깔끔함을 줄 수 있습니다. 좀 더 주방의 통일감을 원한다면 싱크대 상부 타일도 화이트로 하면 됩니다. 개성 있는 포인트를 주고 싶다면, 냉장고 모델에 있는 포인트의 컬러와 동일한 컬러의 색감이나 싱크내의 재질과 비슷한 느낌의 타일로 시공하면 좋습니다.

블랙 컬러의 가전일 경우 역시 마찬가지로 블랙 컬러의 주방가구들로 통일하고 싱크대 상부 타일을 블랙 & 레드 등의 컬러를 선택하면 더욱 고급스럽고 모던한 느낌을 살릴 수 있습니다.

블랙 컬러의 장점은 세련됨입니다. 블랙 컬러만이 가지고 있는 기본 장점을 해치는 타일 컬러는 피하는 게 좋습니다.

4_ 주방제품과 그릇 컬러 자기 계열의 화이트 색상의 용기는 화사하고 우아한 스타일을 연출할 수 있습니다. 어르신들 대접할 때나 분위기를 내고 싶을 때 적격이겠죠? 플라스틱 계열의 제품들은 대체로 귀엽고 재미있다는 공통점이 있습니다. 주방 용기를 구매할 때 '이 접시에는 어떤 음식을 담을까, 주방 어디에 놓을까?' 등을 생각하면 합리적인 구매 리스트가 나올 겁니다.

LITTLE
HOUSE
RENOVATION

SCANDINAVIA STYLE

낡고 우중충한 20평 반지하에 따뜻한 북유럽 스타일의 멋을 입히다

주거 형태_ 66m²(20평형) 다세대 주택   시공 기간_ 23일
총비용_ 3600만원(전체 리노베이션 및 홈스타일링)

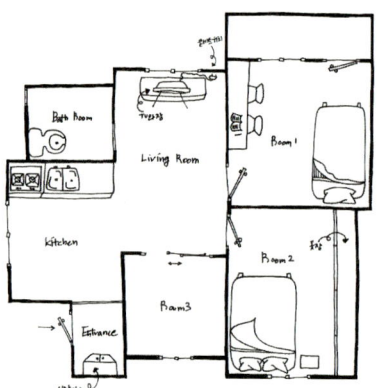

북유럽 스타일로 꾸민 20평 다세대 주택

NORTHERN EUROPE STYLE
RENOVATION

Meeting

　이번에는 낡고 우중충했던 반지하 주택이 밝고 따뜻한 신혼집으로 재탄생한 이야기를 소개합니다. 다세대 지하층은 모두가 꺼려하는 주택입니다. 반지하층이 있는 대부 분의 다세대 주택은 건축된 지 오래되어 낡은데다가, 내부 구조 또한 쓰임새 없는 곳이 많기 때문입니다. 그 중 가장 최고는 채광과 환기입니다. 입구 외 다른 3면이 모두 옆집의 담에 가려져 있어 채광과 환기가 늘 문제입니다. 채광과 환기가 잘 안 되는 집은 어둡고 습해 곰팡이가 생기기 쉽습니다. 이런 반지하층에 둥지를 틀게 된 신혼부부는 3층에 거주하는 부모님과 각자의 일 때문이었습니다. 업무로 인해 해외 출장이 잦은 예비신부, 야근 많은 제약회사에 근무하는 예비신랑은 3년간 부모님과 같은 건물에서 살다가 분가를 하기로 계획했답니다. 이들 신혼부부는 바쁜 업무 때문에 결혼 준비를 할 시간조차 없었습니다. 그래서 가구를 포함한 모든 스타일링을 저에게 일임해 주셨습니다.
　어느 토요일 오후, 처음 신혼부부를 만나러 현장을 방문하였습니다.
　골목 끝 제일 구석진 곳에 자리한 다세대 건물의 20평형 반지하였습니다. 비록 지하이지만 그리 깊지는 않았습니다. 낮은 계단을 서너 개만 내려가면 되는 애매한 지하?
　상담을 하며 집안 구석구석을 살펴보았습니다. 지하층이 있는 다세대 주택이 대부분 그렇듯 이 집 또한 건축된 지 오래되어 노후 정도가 꽤 심했습니다. 지금 상태에서 신혼집으로 사

용되기에는 꽤 무리가 있어 보였습니다. 결국 신혼부부와 상의하여 전체적인 리노베이션 및 홈드레싱을 병행하여 진행하기로 했습니다.

    예비신부는 따뜻하고 포근한 집, 부부가 퇴근 후 집에 돌아왔을 때 누군가가 따뜻하게 반겨주는 듯한 느낌의 집을 원했습니다. 우리는 오랜 상담 끝에 북유럽 스타일의 따뜻함을 디자인 콘셉트로 잡았습니다.

    여기서 잠깐!! 신랑의 의견을 무시할 수는 없겠지요?

    "신랑님은 어떤 디자인을 선호하세요?"

    돌아온 대답은 역시나입니다. 신부님을 쳐다보며 쑥스러운 표정으로 "자기가 알아서 해."

    대한민국 신랑님들. 제발 집에 관심 좀 가져주세요. 그 집에서 예쁜 아기가 태어날 수도 있잖아요.

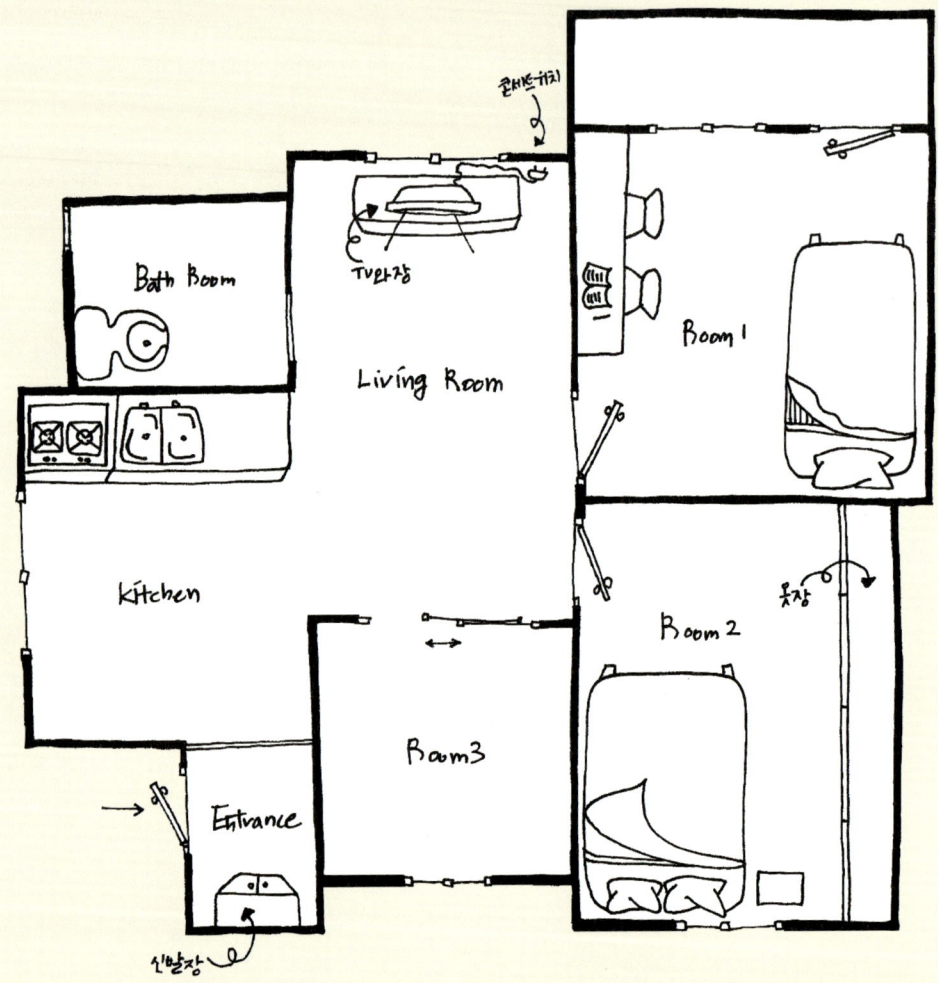

공간의 문제점 & 개선사항

Before
- 거실의 앞뒤로 화장실과 방문이 마주보고 있는 구조입니다. 그래서 지금의 거실은 소파나 TV 장식장 자리로 활용하기가 쉽지 않습니다.
- 거실 공간이 매우 답답한 구조이기 때문에 거실이나 주방 어느 공간으로 활용해도 실용성이 떨어져 보입니다.
- 드레스룸으로 활용하던 가장 작은 방(Room3)은 방문이 투명 유리로 시공되어 있어 방안이 훤히 들여다보입니다. 만약 조금이라도 정리를 소홀히 한다면 집안 전체가 어수선하고 산만해 보일 수 있습니다. 이때 손님이라도 온다면 정말 낭패입니다.
- 화장실에는 좌변기만 있었습니다. 세면대가 없어 불편해 보입니다.
- 동선을 배려한 전체적인 공간의 재구성이 필요합니다.

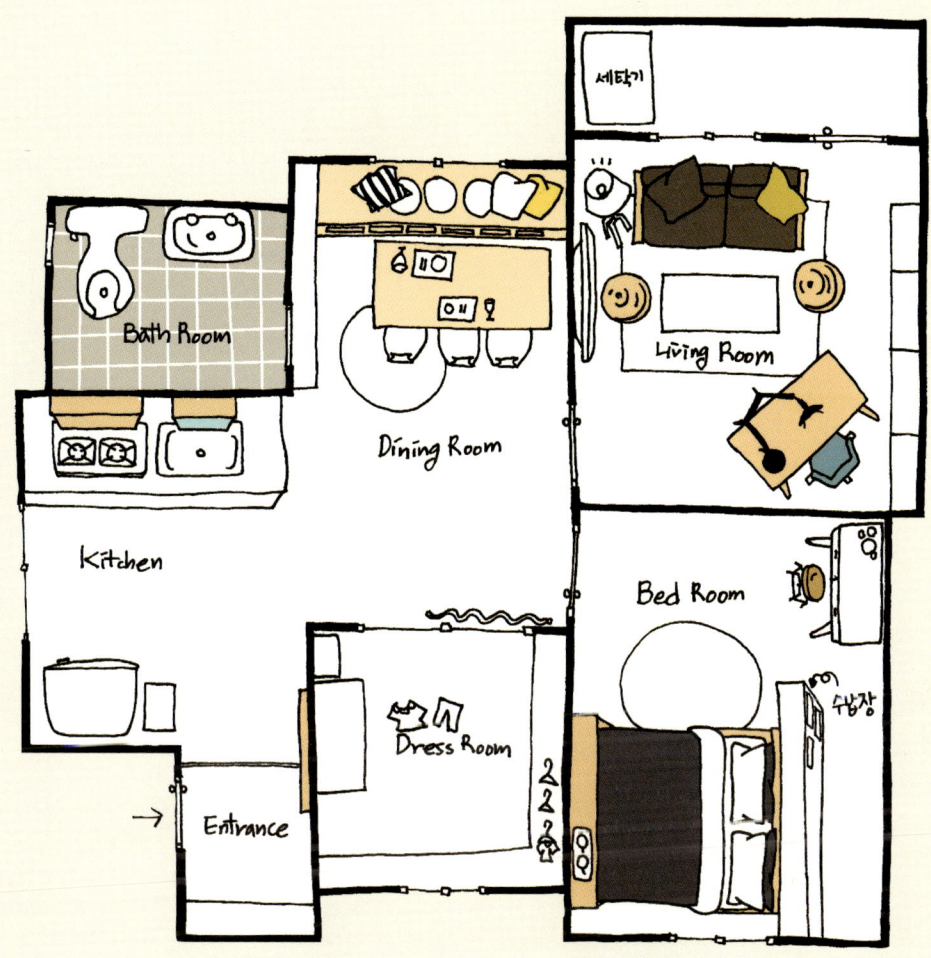

After

[Dining Room] 기존 거실 자리를 다이닝룸으로 용도를 변경하였습니다. 1800mm 테이블을 두어 식탁과 책상으로도 사용할 수 있도록 했습니다.

[Living Room] 3600mm 정도의 큰 방이 둘입니다. 그 중 하나는 멀티룸으로 꾸며 서재와 거실의 용도로 쓸 수 있도록 했습니다.

[Bedroom] 드레스룸 하나로는 옷의 수납이 부족할 듯하여 침실 내부에 미니 드레스룸을 추가로 만들었습니다. 수납을 해결하기 위해 기능성 가벽을 세워 수납 문제를 해결하고 액자 등의 소품을 걸 수 있도록 제작했습니다.

[Bathroom] 좌변기와 수도 배관의 위치를 변경하여 사용하기 편하도록 했습니다.

[Point] 전체적으로 화이트와 우드, 그레이, 블랙의 무채색 베이스를 기본으로 구성하였습니다. 소품이나 가구 및 패브릭으로 포인트를 주어 집안의 분위기를 바꾸기 편하도록 했습니다.

After _ Kitchen

Entrance & Kitchen

Before

- 꽤 오래전 유행했던 옥색 싱크대와 신발장, 세월의 흔적이 묻어나는 거무튀튀한 나무 몰딩, 진갈색 도어가 그렇지 않아도 우중충한 반지하층의 분위기를 더욱 어둡게 합니다. 싱크대는 하부장의 문이 제대로 닫히지 않을 정도로 낡은데다가 기름때도 많이 묻어 있었습니다.
- 대체로 건물의 지층들은 층높이가 낮은 편이라 시각적으로 더 좁고, 더 낮게 보입니다. 그렇지 않아도 층높이가 낮아 답답해 보이는 데다가 싱크대의 상부장마저 천장 끝까지 올라가 있어 매우 답답해 보입니다.
- 현관 입구에 덩그러니 놓인 신발장은 문조차 덜렁거려 제 역할을 하지 못합니다.

- 현관 바닥은 아이보리톤 무광 타일을 선택하여 집안에 처음 들어섰을 때 정갈하고 밝은 첫인상을 주도록 했습니다.
- 전신 거울 도어로 구성한 맞춤 신발장을 설치하여 집이 더 넓어 보이게 하는 효과를 주었습니다. 전신 거울 도어는 현관 조명을 켰을 때 빛이 반사되어 어두운 집의 보조 조명 역할까지 합니다. 외출할 때 옷매무새를 다시 한 번 가다듬을 수도 있습니다.
- 입구 벽면에는 벽면 사이즈와 선반이 잘 어울릴 수 있도록 작은 사이즈의 무지주 선반을 설치했습니다. 작은 소품이나 신혼부부 미니 앨범 등으로 데코레이션할 수 있습니다.

After

- 이번엔 주방입니다. 신혼부부는 3층 부모님 댁에서 식사를 해결하기 때문에 주방 수납에 대해서는 크게 신경 쓰지 않아도 되었습니다. 대신 신혼집에 어울리는 예쁜 주방을 만들어 달라는 특별한 주문을 받았습니다.
- 그래서 천장까지 올려 시공하는 상부장 대신 하늘색 미니 상부장을 선택했습니다. 공간의 답답함을 해소하고, 시원한 느낌을 주도록 한 겁니다.
- 상부장을 천장까지 시공한다고 해서 더 많은 수납을 한다고 생각하는 건 착각입니다. 보통 집에서 쓰는 상부장을 생각해 보세요. 무언가를 꺼내려면 까치발을 들거나 의자를 놓고 올라가야 합니다. 상부장은 수납보다는 창고라는 표현이 맞을 듯합니다.
- 상부장 하단 부분에 간접 조명을 설치하여, 주방 전체 조명을 켜지 않고도 싱크대를 밝힐 수 있도록 했습니다.
- 주방 벽면 타일은 하늘색 상부장과 어울릴 수 있도록 화이트 미니멀한 타일을 선택했습니다. 포인트를 주는 유색 타일 시공시 생길 수 있는 조잡함과 번잡스러움을 없애고, 편안함이 묻어나는 클래식한 느낌입니다.

- 상부장 옆면의 포인트 시계는 화이트 타일과 잘 어울리며 공간의 허전함을 채워 줍니다.
- 상부장을 미니멀하게 제작했지만, 이후 수납이 필요할 경우, 맞은편 냉장고 자리에 긴 상부장을 설치할 수 있도록 여분의 공간을 남겨 두었습니다.
- 하부장 역시 좁은 공간의 답답함을 해소하기 위해 일반적으로 많이 시공하는 키큰장을 설치하지 않았습니다. 키큰장이란 전자레인지와 밥솥이 함께 수납되는 장입니다. 대신 전자렌지와 압력밥솥을 넣을 자리를 별도로 마련해 상부와 연결되지 않도록 했습니다. 좁은 주방일수록 시야를 막는 배치는 좋지 않습니다.
- 아일랜드를 설치하기에는 장소가 좁기 때문에 싱크대의 기능을 서브로 도와줄 웨건을 배치했습니다. 쟁반이 함께 구성되어 있는 웨건은 작은 주방에 두고 사용하기 편리한 베스트 아이템입니다.
- 전체적으로 어두운 집은 화이트컬러의 레일 조명을 설치하여, 어두운 곳 없이 골고루 빛이 들 수 있도록 하면 지하 집의 단점인 채광 문제가 어느 정도 해소될 수 있습니다.

/ 낡고 우중충한 20평 반지하에 따뜻한 북유럽 스타일의 멋을 입히다 /

After _ Dining Room

Dining Room

Before
- 거실의 왼쪽에는 화장실이, 오른쪽과 맞은편에 방이 있는 구조입니다. 넓은 공간이기는 하나 TV를 시청하거나 소파를 놓는 거실로 활용하기에는 산만합니다.
- 한눈에 보기에도 화장실로 향하는 문턱이 높아 매우 불편합니다. 화장실 문은 오래되어 낡은데다가 우중충한 진갈색이어서 지하층을 더욱 어둡게 만듭니다.
- 거실 중앙에 있는 형광등 하나로 조명을 쓰다 보니, 집안 전체가 매우 초라해 보입니다.
- 창문도 이중 새시가 아니어서 난방은 물론 미관에도 좋지 않아 보입니다.

/ 낡고 우중충한 20평 반지하에 따뜻한 북유럽 스타일의 멋을 입히다 /

After

- 테이블이 들어갈 공간의 벽면에는 붙박이 의자 겸 수납장을 제작하여 조금이라도 더 수납할 수 있도록 했습니다. 좁은 공간일수록 효율적인 수납이 매우 중요합니다.
- 문턱이 높아 불편하던 화장실 입구에 원목 소재로 단을 만들어 출입하기 편하게 했습니다.
- 벽의 상부 한쪽에는 선반을 설치하여 탁상시계나 작은 소품들을 올려 놓을 수 있도록 하였습니다.
- 수납의자와 화장실 단 사이에 있는 잡지꽂이는 원래 예비신랑이 쓰던 물건입니다. 더러워져 버리려고 했던 소품입니다. 집 분위기에 맞게 패브릭을 새로 맞춰 자리를 잡아 주니 제법 쓸 만합니다. 롤 화장지나 수건을 담아 놓을 수 있는 좋은 소품이 되었습니다.

- 다이닝룸의 공간 크기에 맞는 큰 테이블을 배치하면 자연스럽게 가족들이 모여 대화할 수 있는 공간이 될 수 있어 제2의 거실로 활용할 수 있습니다.
- 전체적으로 어두웠던 공간이라 레일 조명을 주방에서 다이닝룸까지 연결했으며, 테이블 바로 위에 블랙 컬러 도장 조명을 설치했습니다. 원목과 밝은 베이스의 공간이 심심할 수도 있지만, 무거운 컬러를 가진 조명을 이용해 공간의 안정감을 줄 수 있었습니다.
- 이 아담한 공간에 안방의 스툴까지 가지고 나오면 파티 준비 끝! 예닐곱 명은 충분히 함께할 수 있는 넓은 공간입니다. 지인들과 간단한 파티를 열어도 손색이 없을 분위기의 공간입니다.
- 예비부부는 집에 데스크톱 컴퓨터를 두지 않고 회사에서 쓰는 노트북을 집에서도 사용할 예정이었습니다. 한 명은 서재 책상에서, 한 명은 다이닝룸에서 작업하면 편할 듯합니다.
- 원래 책상 두 개를 장만하려던 신혼부부는 다이닝룸 아이디어를 듣고 난 후 하나만 사기로 결정했습니다. 대신 같은 디자인의 책상을 사이즈만 조금 다르게 별도 맞춤 제작하여 하나는 서재에, 다른 하나는 화장대로 쓸 수 있게 하였습니다. 넓은 집으로 이사한 후에는 같은 공간에 두어 붙여서 사용할 수 있습니다.
- 가구 하나를 구매하더라도 이후 이사를 간다거나, 지금 집에서 가구의 위치를 바꿀 수도 있다는 전제하에 신중하게 선택하면 활용도가 매우 높아집니다.
- 향후 이 집을 다른 사람에게 임대할 경우를 대비하여, 다이닝룸과 멀티룸의 안쪽 모두 양방향으로 TV를 설치할 수 있도록 미리 배선 작업을 해 두었습니다. 즉, 현재의 공간으로, 또는 다른 공간으로 사용할 수 있습니다.

Multi Room

After
- 큰방과 작은방이 구분이 거의 없을 정도로 사이즈가 비슷하여 세탁실로 연결된 방을 거실 겸 서재로 쓰기로 했습니다.
- 예비부부의 스타일에 맞게 차분한 느낌으로 디자인했습니다.
- 책장은 공간 박스를 차곡차곡 조립하는 스타일입니다. 수납이 더 필요할 때에는 수납 박스를 추가로 구매해서 사용할 수 있는 제품으로 구성했습니다.
- 수납 박스 위로도 수납이 가능하기 때문에 꽤 많은 양의 수납이 가능합니다. 수납 세팅 용도에 따라 모양도 마음껏 바꿀 수 있어 좁은 집일수록 유용한 소품입니다.

- 천연가죽 소재의 소파와 그레이톤 러그, 메인테이블은 신혼부부에게 안락한 멀티룸을 제공합니다.
- 창가에는 롤스크린을 설치하여 외부 세탁실 공간을 가려줄 뿐 아니라 은은한 자연 채광을 연출할 수 있습니다.
- 공간 구성 상담 시 예비신랑은 책상을 늘 앉던 대로 벽에 붙이기를 원했습니다. 처음 입어 보는 옷은 어색할 수밖에 없습니다. 하지만 입다 보면 편해지고, 내 옷이 되듯이 공간 구성도 그렇습니다. 벽을 보며 작업하는 것보다 오픈되어 있는 방향을 보고 작업하면 더욱 넓은 시야를 확보할 수 있습니다.

- 메인테이블을 방의 중앙에 두어 안락함을 느낄 수 있도록 했습니다.
- 벽체의 마감재와 바닥재 역시 이 방의 콘셉트인 차분함에 포인트를 두었습니다. 연그레이 컬러 벽지와 오크 원목마루를 사용하여 멀티룸에 차분함을 입혔습니다. 이 집의 기본 컬러는 화이트. 하지만 집 전체를 화이트 컬러로 쓰지 않고, 벽체와 바닥을 톤다운 된 컬러를 활용한다면 더욱 따뜻하고 안정감을 느낄 수 있는 집이 될 수 있습니다.
- 조명은 공간의 마술사입니다. 어떠한 공간이든 조명의 디자인과 불빛에 따라 분위기가 좌우되며, 원하는 디자인으로 공간 연출이 수월합니다. 장 스탠드 하나만으로도 또 다른 공간이 연출될 수 있습니다.

After_Bedroom

Bedroom

After
- 드레스룸 공간은 별도로 구성되어 있지만 간단한 옷가지와 액세서리, 이불 등의 침구류를 넣어둘 공간이 필요했습니다.
- 침실로만 사용하기에는 넓은 방이었기 때문에 가벽용 수납장을 제작한 후, 수납형 가벽 방향으로 침대를 두어 침대의 헤드 역할을 하게 했습니다. 침대 머리맡에 액자를 걸어 안락한 분위기를 만들었습니다. 원래 가벽을 세우고 수납장을 별도로 제작해야 하지만, 비용 절감을 위해 수납장을 가벽으로 사용함과 동시에 침대의 헤드 역할까지 할 수 있도록 한 겁니다. 수납장의 뒤판 부분은 기존의 얇은 소재가 아닌 두꺼운 합판으로 별도 제작하여 튼튼한 벽체 기능을 하도록 했고, 아이보리 컬러의 친환경 페인트로 도장하여, 화이트 베이스의 방을 한결 모던하고 차분하게 만들어 주었습니다.

- 스탠드 대신 벽에 달 수 있는 조명을 설치했습니다. 스위치를 벽에 달아 누워서도 키고 끌 수 있도록 했습니다. 헤드 벽체에는 포인트 액자로 장식하여 단조로워 보이지 않도록 했습니다.
- 아파트와 달리 다세대 주택은 집안의 모든 창문이 사이즈가 제각각인 경우가 많습니다. 이 집이 또한 그렇습니다. 우드블라인드와 롤스크린은 이사 후, 사이즈가 달라져 사용할 수 없을 것을 감안해 거실만 우드 블라인드를 설치하고, 나머지 창은 조금 저렴한 롤스크린을 설치했습니다.
- 침대는 예비신부가 쓰던 매트리스를 재활용했습니다.
- 바퀴가 달려 앞뒤로 이동이 가능한 테이블 있는 프레임을 구입하여 침대에 설치했습니다. 침대의 사이드 테이블 역할을 하도록 연출한 겁니다. 부부끼리 책도 읽고, 차도 마실 수 있는 공간입니다.

- 멀티룸에 있는 책상과 같은 디자인의 쌍둥이 화장대는 지금처럼 공간 구성에 맞춰 배치를 달리할 수도, 함께할 수도 있는 실용적인 가구입니다. 화장대라는 개념의 가구는 꼭 화장대가 아니라도 좋습니다. 거울은 화장대와 컬러를 맞추어 작은 사이즈로 직접 제작했습니다.
- 가구를 만들 때에는 지금 살고 있는 집뿐 아니라 다른 집으로 이사를 가서도 사용할 수 있도록 제작하면 훨씬 경제적입니다.

After _Dress Room

방의 내부를 가려줄 커튼에 스트라이프 패턴을 넣어 밋밋해 보이는 공간에 활력을 주었습니다. 분위기와 상황에 따라 열어두거나 닫아 둘 수 있습니다. 계절에 따라 컬러를 바꿔 준다면 집안 분위기를 바꾸는 데 큰 도움이 될 것입니다.

Dress Room

Before
- 방문이 통유리 새시로 되어 있어 방안이 훤히 들여다보이기 때문에 침실 기능을 하기에는 불편해 보입니다. 이 방에 시스템 행거를 설치하여 드레스룸으로 쓰기로 했습니다.

Bathroom

Before
- 화장실 문을 열면 바로 정면에 변기가 보이기 때문에 화장실을 이용하는 사람이 불안할 수도 있겠네요.
- 세면대와 샤워기가 없어 여러 모로 불편해 보입니다.
- 수납공간이 매우 협소하고 낡아 제 기능을 하지 못합니다.
- 화장실 천장의 백열등이 전등갓 없이 방치되어 있어 매우 위험해 보입니다. 습기가 많은 화장실에 전등갓이 없다면 누전으로 인한 사고로 이어질 위험이 높습니다. 전선줄도 노출되어 있어 보기에도 좋지 않습니다.

After
- 문을 열면 바로 보이던 변기를 세면대 뒤쪽으로 재배치했습니다.
- 세면대를 새로 설치하여 한결 욕실답습니다.
- 좁을수록 최대한 단순하게! 무광의 백색 자기 타일로 마감된 욕실은 어두운 지하의 단점을 말끔하게 보완했고, 브라운 계열의 바닥 타일로 무게감을 주어 백색의 가벼움을 포인트로 전환시켰습니다.
- 욕실의 수건장은 심플한 오픈장으로 제작했습니다. 수건장 안의 선반은 원목으로 제작하여 다른 컬러가 섞이는 부분을 깔끔하게 배제했습니다.

생활공간 아이디어 3

집안 냄새 제거 및 미세먼지 잡는 법

이사할 때 간과할 수 있는 냄새 제거 및 미세먼지 잡는 법을 알려드리겠습니다.*^^* 참고로 미세 먼지와 악취는 입주 청소를 한 후에도 한동안 열심히 활동한다는 사실, 꼭 기억해 두세요.

1_ 말린 쑥 말린 쑥을 집안 곳곳에 태워 줍니다. 은은한 쑥 향이 돌면서 악취를 없애 줍니다. 쑥의 연기는 해충을 쫓는 역할도 하지만 연기를 쬐면 눈도 맑아진다고 하니 1석 2조 아니겠습니까? 단점으로는 연기가 많이 난다는 것과 쑥향을 싫어하는 분도 있다는 점입니다.

2_ 양파 입주 2-3일 전 신문지 몇 장과. 칼. 양파를 들고 입주할 집으로 가세요. 양파 빨간망 아시죠? 망설이지 말고 한 망을 통째로 사갑니다. 미세먼지를 잡는 데 양파만한 게 없거든요. 각 방과 거실, 화장실, 주방, 신발장 등 집안 곳곳에 신문지를 깔아 놓  은 후 적당한 두께로 조각 낸 양파를 한 움큼씩 올려 두세요. 양파를 남길 생각은 잠시 접어두고, 양파 한 망을 다 쓰고 말겠다는 각오로 평평 올려 주세요. 참고로 저는 양파집 아들 아닙니다. ^^

3_ 보일러 '베이크 아웃(Baked-out)', 말 그대로 집안 내부를 통째로 덥혀 유해 공기를 빼내는 방법입니다. 이사를 가기 전 빈 집인 상태에서 보일러 온도를 25-30도로 맞춘 후 하루 8시간씩 3일간 연속

으로 가동시켜 주세요. 그러면 집 안의 온도가 올라가면서 이때 유독 가스나 미세먼지 등이 배출됩니다. 이때 창문은 조금 열어 환기를 시켜 주어야 합니다. 특히 여름에는 냄새나 먼지 때문에 눈이 따가운 현상이 더 합니다. 기온이 높아짐에 따라 모든 입자의 운동도 덩달아 활발해져 냄새가 더 심하게 나는 겁니다. 집안의 온도가 높아지면 유해 가스의 분자들도 더 활발한 운동을 하여 빠른 시간 내에 그 가스가 배출된답니다.

4_ ②, ③을 동시에 하라 두 번째 방법과 세 번째 방법을 동시에 실행한 지 3일 정도 지나면 양파는 누렇게 떠서 변해 있을 겁니다. 보일러를 고온으로 가동하여 미세먼지를 바닥 및 벽체, 가구류들로부터 분리했기 때문에 먼지가 집안을 날아다니며 배회하다가 양파에게 잡아먹히는 거죠! 그래서 양파는 많을수록 좋습니다.

5_ 기타 간편하게 공기청정기를 가동해도 좋습니다. 집안의 마감재를 미리 친환경 제품으로 바꾸어 주는 방법도 좋겠죠?

LITTLE
HOUSE
RENOVATION

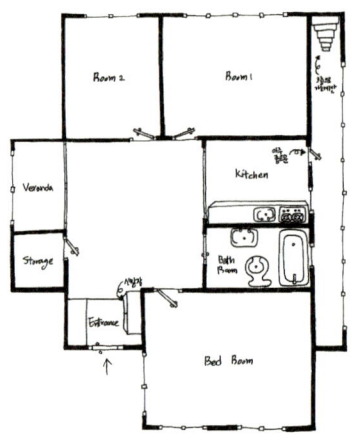

큰방은 수납형 가벽을 설치하여 멀티룸을 만들었습니다.
작은방은 공부는 물론 장난감을 수납할 수 있는 아이들방으로 꾸몄습니다.

COLOR & FURNITURE
RENOVATION

Meeting

 토요일 오후, 클라이언트와 인테리어를 원하는 집에서 처음 만났습니다. 기존 세입자분들의 이사가 한참이었지만, 큰 짐은 거의 다 빠져나간 상태라 집의 상태를 진단하기는 그리 어렵지 않았습니다. 정말 오래된 단독주택이었습니다. 1층은 신랑의 부모님이 거주하고 계시고, 3층은 다른 세입자가 살고 있습니다. 그리고 2층이 바로 오늘의 현장입니다.
 건축한 지 오래되기도 했지만 관리가 전혀 안 되어 있어 노후 정도가 매우 심한 주택이었습니다. 단독은 눈에 보이는 곳만 수리해서는 안 됩니다. 이런 집의 경우 수도 배관과 난방 배관도 체크해야 합니다. 수도 배관은 오래되면 녹이 슬어, 녹물이 나올 수 있어 위생상 좋지 않을 뿐 아니라 동파에 쉽게 노출되기 때문에 불편합니다. 난방 배관은 바닥 면 위로 배관이 노출되어 있는 부분도 군데군데 보입니다.
 부부는 아파트 이외의 집에서는 단 한 번도 살아 보지 않은 분들입니다. 그래서 단독주택에 대한 호기심보다는 불편함에 대한 걱정이 매우 컸습니다. 사실 오래된 단독주택은 낡아서 볼품없는 것은 물론 실용적이지 못한 구조 때문에 사는 데 매우 불편합니다. 여름에 덥고, 겨울에 추운 난방과 결로 현상, 추운 화장실 등 불편함을 풀어놓자면 한두 가지가 아닙니다. 클라이언트는 내부를 아파트처럼 편하게 바꾸고 싶어했습니다. 본인들은 물론 네 살짜리 아들, 그리고 곧 태어날 아기에게 따뜻하고 편안한 집을 선물하고 싶었기 때문입니다.

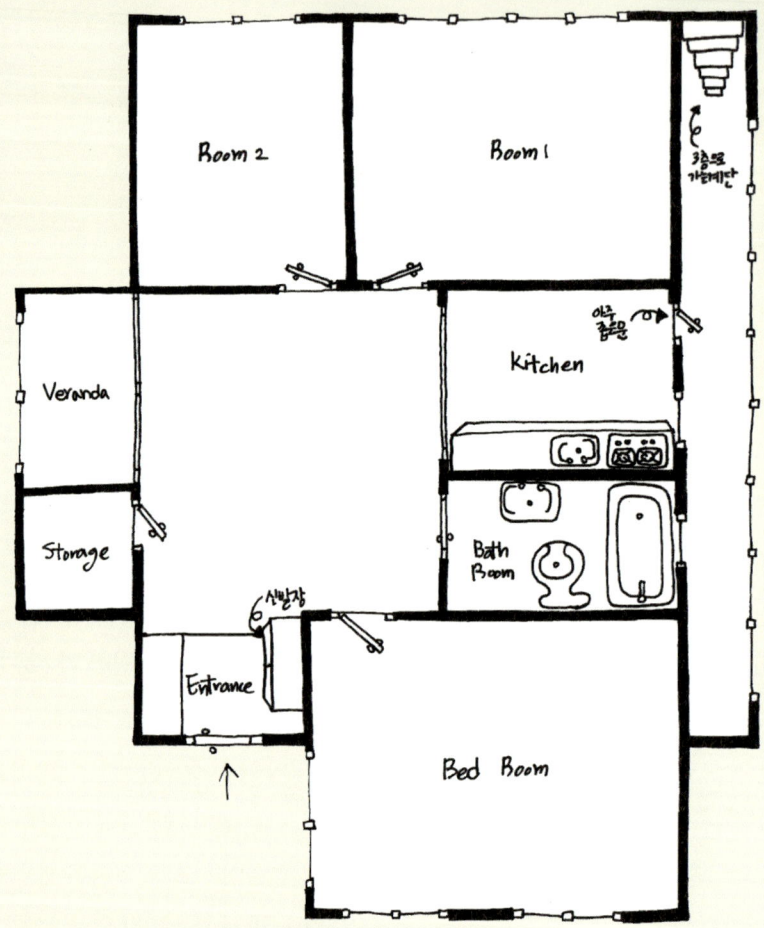

공간의 문제점 & 개선사항

Before

- 손볼 곳이 워낙 많았던 집이라 힘든 작업이긴 했지만, 그랬던 덕분에 만족도가 높았던 곳이기도 했습니다.
- 낡은 집이라는 건 이미 말씀을 드렸지만 직접 사진으로 보면 그 정도가 꽤 심각했다는 걸 알 수 있을 겁니다. 전체적으로 오래되어 낡고 칙칙한데다가 불필요한 데드 스페이스가 곳곳에 방치되어 있어, 동선이 길었습니다. 사실 다른 사람이 보는 것과는 달리 원래 그 집에 살았던 사람들은 불편함을 모르고 살게 마련입니다. 그래서 당장 눈앞에 닥친 문제만을 해결할 뿐 관리, 보수를 더욱 안 하게 되는 겁니다.
- 하지만 새로 이사와 아이까지 낳게 되는 젊은 부부에게 좁고 낡은 이 단독 주택은 불만족스러움을 넘어 한숨과 절망의 단계까지 접어들었을 겁니다. 자, 이 집이 어떻게 하나씩 변해 가는지 한번 살펴볼까요?

After

[Playground] 현관에 들어서자 마자 왼쪽에 있던 데드 스페이스를 아이 놀이방을 꾸몄습니다.

[Multi-Room] 침실로 쓰던 큰방을 멀티룸으로 바꾸었습니다.

[Dining Room] 침실 옆에 베란다처럼 쓰고 있던 다용도실을 스마트한 다이닝실로 바꾸었습니다.

[Kitchen] 낡은 주방 가구를 전면 교체하여 산뜻함을 줌과 동시에 빌트인 가구 제작을 통해 동선을 짧게 하여 실용성을 강조했습니다.

[Bathroom] 서로 마주보고 있는 세면대와 양변기를 한쪽으로 나란히 재배치하여 남은 공간을 활용할 수 있도록 하였습니다.

Living Room

- 현관 옆에 있는 하얀색 작은 문이 보이시죠? 2층에서 3층으로 올라가는 외부 계단 밑 공간입니다. 기존 세입자는 창고로 사용하던 곳입니다. 창고로 사용하기에는 아기자기한 공간이 정말 아쉬웠습니다. 또한 창고로 쓰기에도 경사진 천장 때문에 수납이 매우 불편합니다.
- 이 방은 애교장이 네 살 꼬맹이에게 놀이방으로 선물했습니다. 아이들은 작은 공간에 들어가 아기자기하게 노는 걸 무척 좋아합니다. 아이를 위해 작은 러그를 깔고, 컬러볼로 데코레이션했습니다. 원숭이등을 달아주었더니 정말 아늑한 공간이 되었습니다. 중문과 놀이방의 방문을 파란색 컬러로 통일해 일체감을 느낄 수 있도록 하였습니다.
- 놀이방 방문 손잡이는 잠금 장치가 밖으로 나오도록 설계하여 안쪽에서는 잠글 수 없습니다. 네 살 아이들은 마치 핵폭탄과 같아 어떤 일을 벌일지 모르기 때문에 방문 안쪽 잠금 장치를 없앤 겁니다.

컬러마다 각각의 느낌이 있는데 파란색 컬러는 집을 청량감 있게 만들 뿐 아니라, 활기차고 재미있는 집을 연상시킵니다.

- 집의 베이스 색상은 화이트로 하여 집이 산뜻하고 화사할 뿐 아니라 넓어 보이게 하였습니다.
- 활용도가 떨어지던 작은 베란다를 확장하여, 다이닝룸과 서재의 역할을 함께 하도록 했습니다. 원래 클라이언트가 가지고 있던 책장을 한쪽으로 배치하여, 아이들이 언제나 책을 볼 수 있도록 했습니다. 큰 테이블 덕분에 공간의 활용도는 매우 다양해졌습니다.

Bedroom

- 기존의 큰방을 멀티룸으로 바꾼 대신 가장 작은방을 침실로 쓰기로 했습니다. 침실은 침실의 기능으로만 쓰기로 한 겁니다.
- 별도의 화장대 세트를 구입하기보다는 간단한 화장대로 사용할 수 있도록 한쪽 벽면에 선반과 거울을 제작해서 설치했습니다.
- 벽면에 길게 거울을 달아주면 공간이 좀 더 넓어 보이는 효과가 있기 때문에 작은방에 활용하면 더 없이 좋은 아이템입니다.

/ 30년 된 단독주택에 아파트의 스마트함을 더하다 /

Kids Room

제작 가구로 안성맞춤 공간 만들기

- 네 살 남자아이와 곧 태어날 둘째 아이가 놀며 공부하며 보낼 아이방입니다. 어린이집도 다니고, 한글 공부도 해야 할 나이입니다. 장난감이 많은 유아기 아이들을 위해 수납하기 좋은 서랍장과 책상, 토이박스 세트와 수납장을 낮은 높이로 제작했습니다. 토이박스를 빼면 책상으로도 활용할 수 있습니다. 부모가 책을 보면서, 아이들 노는 것도 지켜볼 수 있으면 좋을 것 같아 만들었습니다. 그레이 컬러의 차분함이 아이의 독서에도 도움이 됩니다.
- 토이박스가 필요없는 나이가 되면 모듈 형식으로 따로 또 같이 사용할 수 있게 제작했습니다. 침대를 놓거나 가구들의 배치만 조금 다르게 해도 분위기를 쉽게 바꿀 수 있습니다.

아이방이라고 해서 지나치게 알록달록한 원색 베이스보다는 차분한 색감을 선택하는 게 좋습니다. 장난감에서부터 소품까지 아이들 제품은 화려한 색상이 많기 때문에 베이스까지 알록달록하면 매우 산만하게 보일 수 있습니다.

Multi-Room

큰방을 드레스룸과 작은 거실로 활용하자

- 이번 단독주택도 큰방을 두 개의 공간으로 활용하기로 했습니다. 아이를 위해 거실을 넓게 쓰길 바랐기 때문입니다. 그래서 기존 거실은 다이닝룸과 서재로 활용하고, 집에서 가장 큰방을 수납과 TV 시청을 위한 멀티 공간으로 구성했습니다.
- 거실과 멀티룸 사이에 개방감이 있도록 방문을 없애고, TV를 설치할 수 있도록 했습니다.
- 방문과 마주보는 방의 뒤편에 이불이 들어갈 수 있을 만큼의 깊이감 있는 수납형 가벽을 설치하고 가벽 앞쪽으로 소파를 놓기로 했습니다.
- 가벽 뒤편에는 시스템 행거를 설치해서 드레스룸으로도 사용할 수 있습니다. 앞쪽 가벽에는 액자를 걸고, 바닥에 따뜻한 러그를 깔면 좋습니다.

After _ Kitchen

Kitchen

가전을 빌트인하여 아일랜드 제작하기
- 시공 전 주방은 공간이 너무 좁아 활용도가 매우 떨어졌습니다.
- 뒤쪽 베란다를 확장하여 주방을 넓혔습니다.
- 베란다에 세탁기가 있었는데, 확장을 하면서 세탁기를 둘 공간이 마땅치 않았습니다. 하지만 이 부분은 미리 생각해 둔 아이디어가 있었습니다. 바로 주방에 빌트인한 세탁기를 넣는 겁니다. 사용하기에도 훨씬 편리합니다.

/ 30년 된 단독주택에 아파트의 스마트함을 더하다 /

- 하지만 주방 공간도 넓은 편이 아니기 때문에 ㄱ자 싱크대의 꺾이는 수납의 사각지대를 바깥으로 향하게 하여 세탁기를 빌트인했습니다.
- 아일랜드 안쪽으로 전기밥솥과 전자레인지가 나란히 들어갈 정도의 여유가 아니어서, 전자레인지도 아일랜드의 사이드 공간에 빌트인되도록 제작해 움직이는 공간이 좁지 않도록 했습니다.

Bathroom

도기의 재배치로 넓게 쓰기
- 세면대와 변기가 서로 마주보게 배치되어 있던 욕실의 도기를 한쪽으로 모아서 배치하여 욕실을 더 넓게 활용할 수 있게 하였습니다.
- 수납장의 문을 거울로 하여 별도의 거울을 걸지 않아도 될 뿐 아니라 욕실이 한층 더 넓어 보일 수 있도록 하였습니다.

생활공간 아이디어 4

저예산으로 예쁘게 집을 꾸미는 요령

예쁘게 집을 꾸미고 싶지만 만약 전셋집이라면? 집주인 눈치는 둘째 치고, 집에 들어갈 비용이 너무 아깝다는 생각이 듭니다. 그러다 보니 '내 집도 아닌데 대충 살자' 또는 '저렴하고 실속 있게 고칠 수 있는 방법이 없을까?' 하는 생각을 많이 하게 되죠.

1_ 우리집 성격과 상태 제대로 알기 이사 전 입주할 집의 메인 컬러는 어떠한지 먼저 확인해 보세요. 예를 들어 몰딩, 걸레받이, 방문 컬러를 먼저 체크하세요. 전체적인 집의 채광은 어떤지, 어느 방의 채광이 특히 좋은지 등을 꼼꼼히 살핀 후 다이어리에 기록해 두세요. 그런 다음 우리집에 어떤 컬러를 입힐까, 어떤 스타일로 꾸밀까, 큰방과 작은방은 어떻게 사용할까 등을 생각해 두세요.

2_ 비용에 맞추어 기본공사 하기 새로운 집에 입주할 때마다 손을 안 댄다고 해도 도배, 장판은 기본으로 하고, 페인팅, 조명이 추가되는 게 일반적인 인테리어입니다. 이때 비용 대비 만족도를 높이기 위해서는 고급 마감재나 저가형 마감재보다는 중급 마감재를 선택하세요. 비싸지도 않고, 너무 저렴해 보이지도 않습니다.

- 도배는 상급 실크벽지, 하급 소폭합지보다는 중급 장폭합지로 시공하세요. 비용 대비 컬러 및 패턴이 많아 실용적이며, 신혼집에서 많이 선호하는 제품군입니다. 비용은 실크 벽지에 비해 1롤 당 2만원가량 저렴합니다.
- 장판은 두께에 따라 금액 차이가 천차만별인데요, 보통 신혼집의 경우 1.8T와 2.0T를 많이 시공합니다. 1.8T가 아쉬운 점은 2.0T보다는 컬러 구성이 부족하기 때문에 선택의 폭이 좁다는 점입니다.

두 제품군의 가격 차이는 평당(3.3㎡) 8000원에서 1만원 정도입니다. 여기서 T는 두께를 표시하는 기호입니다.
- 페인트 시공은 재료비 외에 평당(3.3㎡) 2-3만원 정도의 인건비가 추가로 발생합니다. 도배, 장판은 무경험자가 직접 시공하기에는 무리가 있지만 페인팅의 경우는 작업이 비교적 쉽기 때문에 셀프 페인팅을 권해 드립니다.

3_ 우리집 색상에 맞추어 예쁘게 만들기 어차피 해야 하는 도배, 장판, 페인트! 동네 인테리어가게 아저씨들이 하라는 대로 아무거나 하지 말고 집의 성격에 맞추어서 색감 및 패턴을 신중하게 골라 보세요. 예를 들면 소파의 컬러나 재질, 벽체 컬러와의 조화, 몰딩의 컬러, 벽지와 바닥 컬러 등을 생각해서 가구와 집이 하나가 되게끔 만들어 주는 작업을 하는 겁니다. 이때 방의 용도에 따라서도 컬러에 변화를 주어도 좋답니다. 예를 들면 채광이 좋지 않은 방은 화사한 밝은 벽지를 사용하여 채광의 단점을 보완하고, 채광이 좋은 방은 원 포인트 컬러로 포인트를 주면 좋습니다.

- **오렌지 활기차고 화목한 집안 분위기 연출** 오렌지색은 사람의 기분을 띄워 주고, 일상에 활력을 불어 넣습니다. 쾌감 호르몬의 분비를 자극하기 때문인데요. 사람이 모여드는 활기찬 공간을 만들고 싶다면 벽이나 커튼을 주황색 계열로 꾸미면 좋습니다. 하지만 주의력을 떨어뜨리게 하므로 공부방이나 작업장, 서재 등은 피하는 것이 좋습니다.
- **그린 금연과 가족의 건강을 생각한다면** 초록색은 진정과 집중, 안정 효과가 있습니다. 집중력이 떨어지고 만성 피로에 시달린다면 녹색 계열로 바꾸어 보세요. 녹색은 모세혈관을 넓혀 혈관의 흐름을 원활하게 해 주어 심리적 안정을 찾는 데 큰 도움이 되며, 공해 물질에 대한 해독 작용도 있어 비염이나 신장, 간 기능 향상에도 도움을 줍니다.
- **레드&핑크 사랑 넘치는 공간** 빨간색은 혈 행을 자극하고 에너지를 회복시키는 효과를 지녔기 때문에 정신적 에너지가 부족할 때 이용합니다. 또 감정 표현이 능숙하지 않은 사람이 자기를 드러내고 싶을 때 도움이 되는 컬러이기 때문에 어색한 부부 사이를 가깝게 만들어 줄 수 있습니다.
- **블루 온 가족 다이어트를 위하여** 차갑거나 어두운 톤의 컬러는 식욕을 억제하는 효과가 있습니다. 긴장과 불안감을 가라앉혀서 스트레스성 폭식을 줄일 수 있다고 하네요. 주방의 색을 블루 계통으로 바꾸면 자연스럽게 식욕이 사라질 수 있습니다.
- **옐로우&주황색 아이의 편식 해결** 노란색은 신진대사를 촉진시켜 밝고 유쾌한 기분을 갖게 하며 저하된 기능을 보강하고 신경을 강화시키는 색입니다. 또 운동신경계의 작용을 원활하게 해 근육의 에너지를 많이 소비하게 만든다고 합니다. 소화불량과 변비에도 효과가 있어 식당이나 욕실 꾸밈에는 노란색이 좋답니다. 주황색은 췌장의 기능을 도와 당뇨병 환자의 인슐린 사용량을 낮춰줄 수 있습니다.

LITTLE
HOUSE
RENOVATION

기능성을 한껏 높인 주방으로 집안을 시원하게 하다

주거 형태_ 59m²(18평형) 아파트 **시공 기간_** 26일
총비용_ 1550만원(욕실, 도배, 바닥, 싱크대, 도어 교체, 전기&조명, 페인트, 목공, 신발장, 타일 외)

CAFE STYLE

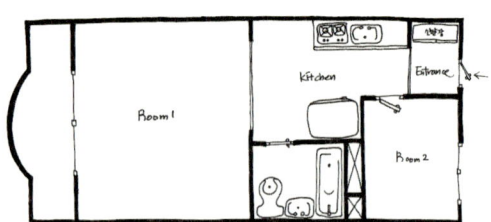

소형 아파트에서 가장 흔하게 볼 수 있는 구조입니다.
좁은 주방을 시원하게 확장하여, 식탁과 대형 냉장고를 놓을 수 있도록 했습니다.

CAFE STYLE
RENOVATION

Meeting

    운영하고 있는 웨딩 카페를 통해 쾌활한 웃음을 가진 예비신부와 인연이 닿았습니다. 곧 입주할 신혼집의 디자인을 맡아달라고 하여 미팅 일정을 잡았습니다. 현장 방문 상담을 약속한 날 집에 가 보니 기존 세입자의 이사 때문에 한창 어수선했습니다.

    짐이 빠지기 전까지 예비부부와 공사 일정 및 디자인 등에 대해 간단한 이야기를 나누었습니다. 18평의 작은 집이지만 생애 최초로 내 집을 꾸민다는 생각 때문인지 두 분 모두 시종일관 매우 즐거워하고, 행복한 모습이었습니다. 저도 덩달아 유쾌해져 기분이 좋았습니다.

    잠시 후 짐이 다 빠지고 난 후에야 집의 상태를 자세히 체크할 수 있었습니다.

    현관 입구에서 정면으로 보이는 미닫이문의 안방, 현관문 좌측에는 작은방, 우측에는 작은 주방이 있었습니다. 작은방과 주방 사이가 통로 겸 거실로 쓰이고 있었습니다. 큰방 바로 앞에 위치한 화장실. 외부 발코니새시의 실리콘 사이로 들이치는 빗방울 외에는 노후에 의한 문제는 없어 보였습니다.

    18평 아파트에서 가장 많이 볼 수 있는 구조의 아파트입니다. 이런 구조의 아파트를 볼 때마다 항상 마주하는 걱정거리가 있습니다. 바로 냉장고와 식탁 공간의 부재입니다.

    '휴~ 이 집 냉장고는 또 어디다 놓아야 하나!'

    예비신부가 마치 내 마음을 읽은 듯이 물어 봅니다.

    "냉장고를 어디에 놔야 할까요? 식탁은요? 작은방에 냉장고를 두는 것은 이상할 것 같아요. 작은방을 드레스룸으로 쓰고 싶거든요. 인테리어를 한 느낌을 주는 요란한 집은 조금 불편해요. 편한 느낌이었으면 좋겠어요."

공간의 문제점 & 개선사항

Before
- 소형 평형의 아파트에서 가장 흔하게 볼 수 있는 구조입니다.
- 크게 낡은 곳이 없어 다행입니다. 다만, 대형화 되고 있는 가전제품을 생각하면 좁은 공간을 활용할 방법을 찾아야 할 듯합니다.

After

[**Bedroom**] 주방과 큰방을 연결하는 중문을 과감히 없애 버리고, 큰방이 거실과 침실의 역할을 동시에 하도록 했습니다.

[**Kitchen**] 싱크대를 큰방 바로 옆까지 길게 연장해 주방을 시원하게 보이게 하고, 식탁으로도 사용할 수 있도록 했습니다. 냉장고는 주방 맞은편 통로에 두기로 했습니다.

[**Color**] 집이 넓어 보일 수 있도록 밝은 계통의 색상으로 통일하기로 했습니다.

After _Kitchen

Kitchen

- 집의 구조와 생활 패턴을 따져 보고 집의 포인트를 어디에 둘 것인가를 생각하는 것이 디자인의 관건입니다. 이 댁의 예비신부는 주방에 디자인 포인트를 주었습니다. "식탁을 구매할 예정은 없으나 있었으면 좋겠다."고 했던 말이 기억났습니다.
- 그래서 활용도가 낮은 기존의 짧은 싱크대를 모두 철거한 후 싱크대와 아일랜드 식탁을 안방 미닫이문이 있던 자리까지 길게 일자로 연결하여 데드 스페이스 없는 기능성 높은 주방 공간으로 만들었습니다.
- 기획 단계에서는 아일랜드 식탁을 싱크대와 같은 높이의 일자형으로 제작해 일체감을 주고 싶었습니다. 그러나 대리석 상판의 깊이와 안방 방향으로 위치한 기둥 앞으로 상판이 튀어 나오는 구조라, 동선이 복잡해 지는 것을 생각하지 않을 수 없었습니다. 그래서 아일랜드 식탁을 슬림하게 제작했습니다. 아일랜드의 하부에는 수납장과 귀여운 와인셀러를 빌트인했습니다. 아일랜드 식탁을 싱크대와 나란히 배치함으로써 식탁 공간과 냉장고 자리 문제를 한방에 해결하였습니다.

- 싱크대 상부장은 설치 높이에 따라 개방감이 있는 시원한 주방이 될 수 있습니다. 통로형 주방의 싱크대 상부장을 플랩장을 이용하여 천장보다 낮게 설치하면 공간이 좁아 보이지도, 답답해 보이지도 않아 작은 평수에서 생각지도 않았던 결과물을 만나 볼 수 있습니다.
- 이 집 주방의 포인트는 내부가 살짝 비치는 전체 플랩장. 깔끔하고, 편안한 이미지를 부각시킬 수 있습니다. 이와 궁합이 맞는 원목 우드 프레임 조명을 사용해 편안한 느낌을 주었습니다.
- 주방 벽면 타일은 군더더기 없는 화이트 타일을 선택했습니다. 좁은 주방의 단점을 잡아주는 심플한 느낌입니다.
- 아일랜드 식탁 앞의 깔끔한 화이트 타일 벽에 우드 액자로 포인트를 주어 밋밋한 벽체를 탈피하고, 싱크대와 식탁의 공간 구분을 해 주는 역할까지 하게 했습니다.

- 아일랜드 식탁 위로 포인트 컬러가 있는 스탠드를 놓아 식탁등으로 쓸 수 있게 했습니다.
- 타일을 가리고 있는 도트 무늬 베이지컬러 패브릭은 데코레이션은 물론, 패브릭 뒤편의 커다랗고 웅장한, 그러나 거의 사용하지 않는 인터폰을 가려 주는 역할을 합니다.
- 아일랜드 식탁에 의자를 두 개 배치해도 냉장고 공간과 동선에는 전혀 지장이 없습니다. 전체 화이트 베이스에 원목 소재의 조명, 바닥재의 컬러가 은은한 조화를 이룹니다.
- 식탁 위의 테이블러너는 벽체 포인트 페브릭과 동일한 패턴으로 만들었습니다. 여러 가지 컬러가 섞이지 않도록 하여 일체감과 깔끔함을 강조했습니다.

/ 기능성을 한껏 높인 주방으로 집안을 시원하게 하다 /

After _ Bedroom

Bedroom

- 바닥과 벽체의 베이스는 과하지 않으면서도 화이트와 잘 어울리는 덜톤 색채를 선택해 깔끔한 자연스러움을 강조함과 동시에 좁은 집안을 넓어 보이도록 했습니다. 덜톤 컬러의 묘미는 질리지 않는 꾸준함입니다. 우리나라는 사계절 때문에 벽지 색상을 선택할 때에도 시공 후를 염두에 두고 골라야 합니다. 더워 보이는지, 추워 보이는지 잘 따져 봐야 합니다. 계절을 염두에 둔 디자인을 할 경우 한 면의 포인트로도 충분히 계절을 머금은 디자인이 가능합니다.

- 시공 전 벽지는 그린으로 포인트를 주었지만, 집 전체의 색과 어울리지 못하고 언밸런스하여, 전체적으로 우중충하고 침침한 느낌이었습니다. 그래서 밝고 차분한 분위기로 바꿔 보기로 한 겁니다. 거실 겸 침실로 사용될 큰방의 덜톤 컬러는 오랫동안 질리지 않으며 겨울에는 따뜻하게, 여름에는 시원해 보이는 매력적인 색상입니다.

주방과 안방을 연결하던 미닫이문을 과감히 철거해 좁은 집이 더욱 넓게 보일 수 있도록 했습니다. 철거되지 않는 도어 프레임의 헤드 부분은 천장까지 끌어올려 기존의 층고보다 높아 보이도록 만들어 시야가 탁 트이는 효과를 얻었습니다.

After _ Bathroom

Bathroom

- 오래되어 낡고 지저분한 욕실의 기존 벽체와 천장, 도기류 등은 모두 철거했습니다.
- 욕조도 과감하게 없애 넓은 공간을 확보했습니다. 욕조 대신 샤워를 할 수 있는 공간을 마련함으로써 시원시원하면서도 깨끗한 느낌을 주었습니다.
- 과도한 포인트는 오히려 집을 산만하게 할 수도 있습니다. 바닥재의 원목마루 타일을 벽체까지 끌어올려 자연스러운 포인트를 주었습니다.

After _Veranda

Entrance & Veranda

- 현관 앞에 들어서면 바로 보이던 답답한 신발장을 철거하고, 전신거울 도어가 달린 신발장을 설치하여 어둡고, 좁은 입구의 느낌을 화사하게 바꾸었습니다.
- 베란다 바닥의 타일은 우드 타일로 교체하고 다용도실 문과 벽체는 화이트 페인팅을 했습니다. 큰 베란다 창으로 들어오는 햇빛을 조절할 수 있도록 화이트 톤의 블라인드를 설치했습니다.
- 작은 책상과 책꽂이를 데코레이션 하여 서재로 활용할 수도 있고, 꽃이나 화초를 좋아한다면 계절을 느낄 수 있는 온실로 꾸며도 좋습니다.
- 덩치 큰 세탁기를 놓을 장소로도 제격입니다. 만약 베란다에 세탁기를 놓는다면 신반이 있는 세탁기 수납장을 짜서 설치하고, 그 위에 휴지나 세제 등을 넣어 두면 편리합니다.

생활공간
아이디어
5
—

톡톡 튀는 욕실 만들기

욕실은 인테리어 할 때 주방 다음으로 욕심을 내는 공간입니다. 일단 군더더기 없는 깔끔함이 생명이겠죠? 냄새 나고, 지저분한 욕실은 상상만 해도 싫습니다. 욕실을 공사할 때 꼭 염두에 두어야 할 기본적인 부분에 대해 말씀드리겠습니다.

1_ 누수 및 배수, 수압 바닥 및 벽체에서 외부공간으로, 또는 아랫집으로 물이 새지는 않는지 체크하세요. 배수는 원활한지, 수압에는 문제없는지 등을 동시에 확인해야 합니다. 시각적으로나 후각적으로 물이 샌다고 판단되면 전문가의 의견을 묻고, 바닥 및 벽체를 전체 철거한 후 방수 작업을 새로 해야 합니다. 수도관 배수가 원활하지 않을 때에는 배관 교체도 해야 합니다. 그렇지 하지 않으면 공사 후 또 다시 바닥을 들어내어 목돈이 들어갈 수 있는 불상사가 발생할 수 있습니다.

2_ 타일 작업시, 배수 체크 타일 작업시 바닥 타일 시공 후 물이 빠져나가지 않는 현상이 발생할 수 있습니다. 이는 물길을 만들어주지 않았기 때문에 생기는 현상입니다. 이를 그냥 무시할 때에는 바닥 곳곳에 곰팡이는 물론 이끼도 생길 수 있어 미끄럼 사고에 노출되기 쉽습니다. 깔끔하게 변한 욕실만 보다가 놓칠 수 있는 부분이 바로 바닥면입니다. 얼핏 보면 바닥면이 평평해 보여 지나치기도 쉬운 곳입니다. 수평자로 체크하거나 또는 물을 뿌려 물길을 체크할 수 있습니다.

3_ 바닥 타일은 미끄럼 방지 제품으로 타일을 고를 때에는 반드시 미끄럼 방지 제품으로 골라야 합니다. 욕실은 물을 사용하는 공간이라 미끄럽고, 세면대나 양변기 등 위생기가 설치되어 있기 때문에

넘어지면 굉장히 위험합니다. 바닥 타일은 아름다움보다는 기능을 먼저 생각한 후 고르는 게 좋습니다.

4_ 욕실 꾸미는 요령

포인트 컬러 정하기 욕실 벽체 타일은 한 면의 부분 포인트를 주어도 무방한데요. 포인트를 줄 경우에는 집 내부의 원 포인트 컬러를 사용하여 같은 톤으로 작업하면 통일되고, 안정된 느낌을 줄 수 있습니다. 단, 세 가지 이상의 컬러를 사용하면 복잡해 보이며, 어수선한 느낌을 줄 수 있으니 최대한 심플한 느낌을 살려주는 게 포인트 입니다.

욕조 VS 샤워 부스 일단 좁은 욕실의 경우 욕조보다는 샤워 부스가 공간 활용도 측면에 있어 더 효율적입니다. 다만 반신욕이나 족욕을 즐기는 분들이 많기 때문에 어떤 게 더 좋다, 나쁘다 말할 수는 없습니다.

예쁜 용품으로 욕실 마무리 하기 욕실에 타일로 포인트를 주었다면 마지막으로 중요한 마무리 작업이 필요합니다. 바로 욕실용품! 예쁜 욕실 용품들로 욕실 꾸미기의 마무리 작업을 해 주면 욕실에 들어가는 일이 더 즐거워지지 않을까요? 욕실 용품들은 위에서 말씀드린대로 타일이나 욕실의 기본 베이스 컬러에 맞춰서 꾸미면 됩니다.

한 가지 더! 인테리어 효과와 기능성을 동시에 누릴 수 있는 방법 하나! 욕실 바닥이 축축한 게 싫다면 바닥 타일 위에 예쁜 발 매트를 깔고 사용해 보세요. 건식 욕실의 뽀송뽀송함을 느낄 수 있습니다.

MAY BE HAPPY
BABY & HOUSE
STYLE

**작은집일수록 벽지와
가구를 밝게 하라**

주거 형태_ 66m²(20평형) 빌라 **시공 기간_** 26일
총비용_ 1650만원(욕실, 도배, 바닥, 싱크대,
전기&조명, 페인트, 목공, 신발장, 타일 외)

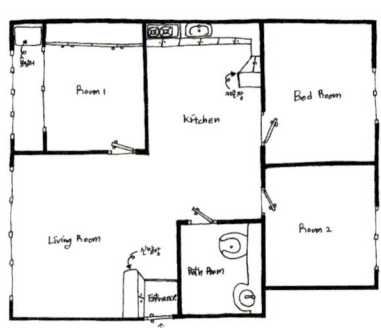

도배와 장판, 조명, 몰딩만으로 새집처럼 변할 수 있습니다.
작은집일수록 환하고, 시원하게!!

MINIMAL & COLOR STYLE
RENOVATION

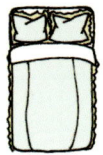

Meeting

    이번에는 '신혼집 인테리어 설명회' 강의를 하다가 인연을 맺은 이야기입니다. 저는 지난 몇 년간 제 디자인 작업실에서 월 1회씩 디자인 강연을 무료로 진행해 오고 있습니다. 소비자가 직접 집을 디자인힐 수 있노록 리모델링의 기본과 간단한 DIY를 강의하고 있습니다. 디자인 강의를 청강하는 분들은 보통 부부가 함께 옵니다. 어느 날 제 강의를 들었다는 분께 전화를 받았습니다. "어느 자리에 앉았던 누구누구입니나." 하고 자기소개를 하는 순간 바로 기억이 났습니다. 다른 부부들과는 달리 남자분 혼자 온데다가 열심히 메모하며 이것저것 질문도 하여 인상이 남았기 때문입니다.

    선한 인상과 포근한 느낌이 있는 결혼 3년차 부부. 조만간 새로운 가족이 생긴다고 합니다. 그래서 둘만의 집이 아닌 세 가족 모두 행복한 집을 만드는 게 부부의 바람이었습니다. 함께 요리도 하고, 향기로운 차 한 잔을 나누며 아기가 커가는 모습을 지켜볼 수 있는 따뜻한 공간을 만들고 싶어했습니다. 바로 제가 지향하는 디자인이었죠.

    절로 흥이 나는 작업이었습니다.

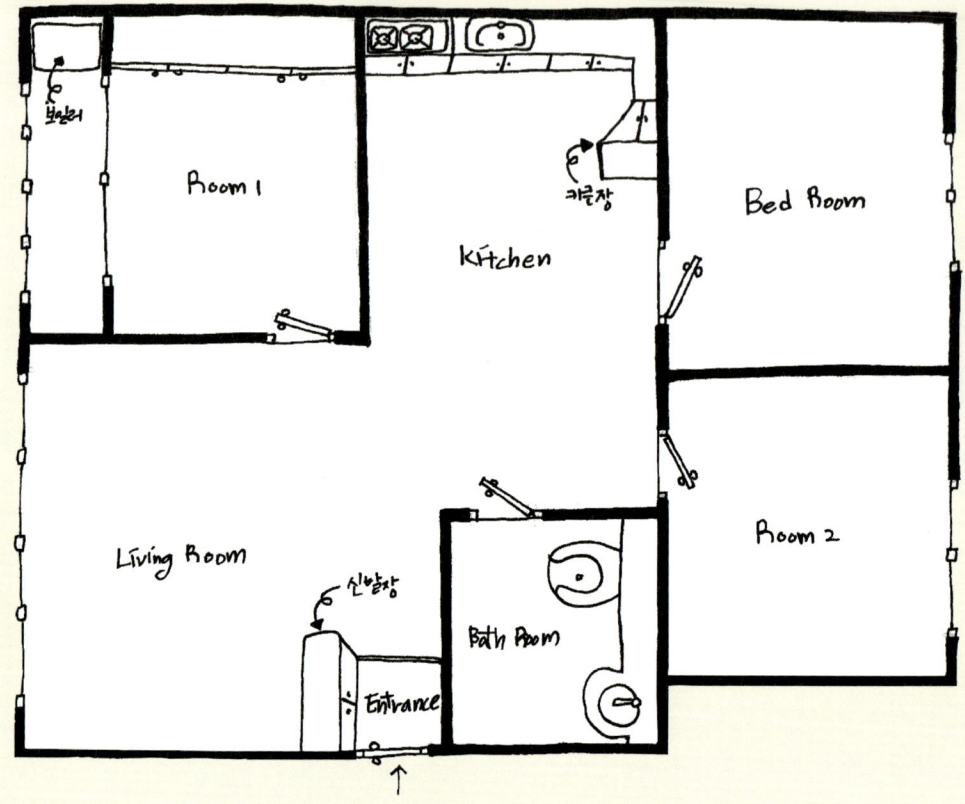

공간의 문제점 & 개선사항

Before
- 노후한 설비와 진한 체리컬러의 몰딩, 그리고 어두운 조명이 눈에 거슬립니다.
- 싱크대와 수납장의 진한 라인 디자인이 주는 어수선함도 눈에 띕니다.
- 창이 없는 주방은 채광이 되지 않아 어둡고, 싱크대의 체리컬러가 주는 답답함 때문에 위생적이어야 할 주방이 어둡고 침침하게 보입니다.

After

[Kitchen] 반투명한 플랫 반장으로 상부장을 시공하여 답답함을 줄여 주고, 동선에 방해되지 않도록 바 형태의 아일랜드 식탁을 시공하여 보조 주방 겸 식탁으로 활용하기로 했습니다.

[Living Room] 거실 천장 조명을 매립시켜 군더더기 없이 심플하게 만들어 좁은 공간을 넓어 보이도록 했습니다. 솔리드 컬러의 벽지를 선택했습니다.

[Bathroom] 좁고 정신없는 타일과 옥색 컬러의 욕실. 수납장을 없애고 화이트 톤의 자기타일로 오픈 선반과 벽체를 통일하여 시공함으로써 깔끔하고 넓어 보이도록 했습니다.

After_Entrance

Entrance

- 보통 상담을 위해 클라이언트의 집에 들어서면 가장 먼저 눈에 거슬리는 것이 있습니다. 바로 컬러입니다. 아무리 비싸고 멋진 마감재를 사용한다고 해도 컬러가 제 역할을 못해 준다면 그 집에 사는 동안 의식적, 무의식적으로 받는 스트레스는 상상 그 이상입니다.

  이 집 역시 처음 방문했을 때 가장 눈에 거슬리던 것이 바로 체리컬러였습니다. 색을 보는 눈이 제각각 다르지만 저 같은 경우는 지긋지긋해 할 정도로 체리컬러를 싫어합니다. 컬러도 유행을 타기는 하지만 체리컬러는 유행을 떠나 하루를 살아도 10년을 산 듯한 기분을 주는 색인 듯합니다.

- 먼저 집에 들어서자 마자 보이는 현관 입구의 체리색 신발장과 몰딩, 진컬러의 도어가 눈에 거슬립니다. 신혼부부의 집이라기에는 너무 노티나지 않습니까? 저는 체리색 신발장을 모두 뜯어내고 전신거울 문이 장착된 화이트 신발장을 설치했습니다.

- 바닥 타일은 귀여운 느낌을 주는 모자이크 타일로 마무리했습니다. 훨씬 산뜻하고, 화사해 보이지 않나요?

After _Kitchen

Kitchen

Before
- 외부와 연결된 창이 없는 주방입니다. 자연 채광이 되지 않기 때문에 어두운 데다가 싱크대의 체리컬러가 주는 답답함이 더해져 칙칙한 모습입니다.
- 주방 천장에 달랑 하나 붙어 있는 형광등은 그렇지 않아도 어두운 주방을 더욱 어둡게 만듭니다. 주방의 어두운 기운이 사람의 기분까지 우울하게 듭니다.

After
- 불투명 유리문의 상부장을 반장으로 설치하여 답답한 시선을 해소해 주었습니다. 화이트 주방가구는 우울한 주방에 새 기운을 불어 넣습니다. 상부장의 사이즈를 줄임으로써 다소 부족할 수 있는 수납은 냉장고 장의 상부와 키큰장, 아일랜드 식탁의 하부 수납이 그 역할을 대신해 줄 것입니다.
- 아일랜드 식탁의 옆 측면은 다용도로 쓸 수 있도록 오픈된 선반 형식으로 제작하여 주방의 데스 스페이스를 모두 활용했습니다.
- 곧 태어날 아기의 기저귀나 자수 쓰는 아기 용품을 놓을 수도 있습니다. 아기가 태어나기 전에는 예비맘의 책꽂이와 책상으로도 손색이 없습니다.

/ 작은집일수록 벽지와 가구를 밝게 하라 /

식탁을 놓으면 냉장고가, 냉장고를 놓으면 식탁 놓을 공간이 없던 주방. 두 공간 모두 만족할 수 있도록 식탁을 제작했습니다. 비록 부부가 마주보고 식사할 수 있는 공간은 아니지만, 연애하는 감정으로 나란히 앉아 식사를 하도록 배치하여, 수납, 식탁 공간, 냉장고 자리를 함께 얻을 수 있었습니다.

- 어두운 주방일수록 멋을 내기 위한 컬러 포인트가 있는 주방가구보다는 빛을 반사시켜 조금이라도 집을 밝게 해 주는 화이트 톤의 컬러가 여러모로 유리합니다. 공간을 넓어 보이게 하는 효과뿐 아니라 빛을 반사시켜 얻는 추가 채광까지 얻을 수 있어 별도의 조명 추가 없이도 어둡지 않게 사용 가능합니다.
- 그래서 주방 조명은 식탁등과 주방등을 별도의 조명으로 보지 않고 하나의 라인으로 연결해 어둡던 집을 밝게 만들었습니다.

• 주방 타일은 그레이톤의 타일을 선택하여 차분하고 세련된 느낌을 주었습니다. 어둡고 탁하지 않은 라이트 그레이컬러를 선택해, 시각적으로 차가워 보일 수 있는 부분을 배제했습니다.

After _ Living Room

Living Room

Before
- 진한 체리색의 베이스 컬러, 한때 TV드라마 때문에 주부들 사이에서 꽤나 유행하던 포인트 벽지입니다. 오래되어 조도가 잘 나오지 않는 어두운 조명은 좁은 거실을 더욱 좁아 보이게 합니다.
- 대체로 빌라나 오래된 집들의 경우 등박스(우물천장)를 거실 천장 중앙에 설치한 후 그 안에 등을 달아 놓은 경우가 많습니다. 이런 경우 거실이 더 좁아 보이고 조잡한 느낌을 줍니다. 이 집 또한 마찬가지입니다.

After
- 기존의 답답하고 무거운 분위기를 아이보리 컬러의 벽체와 천장 조명을 매입시켜 군더더기 없이 깔끔하게 만들었습니다.
- 어두운 집을 밝혀 줄 보조 조명으로 간접등과 할로겐을 설치하여 심플하고 깨끗한 거실로 탈바꿈시켰습니다.

- TV 액자 상단에 전자파 차단 역할을 하는 예쁜 화초를 키우면 기능성과 장식 공간으로도 손색이 없습니다.
- 천장에 설치되어 있던 등박스를 거실의 사이즈에 알맞게 최대한 넓혀 주어 시원하고 넓어 보이게 했습니다. 넓게 제작한 등박스가 없다고 해서 심플한 거실을 만들지 못하는 것은 아닙니다. 어설픈 등박스보다 아무것도 없는 것이 심플한 공간으로 가는 지름길이 될 수 있습니다.

• 마루는 화이트톤의 강화마루로 깔았습니다. 부부가 가지고 있는 내추럴우드 가구들이 장판과 따로 놀지 않고 집과 자연스럽게 어울립니다. 가구 컬러와 맞춘 우드 블라인드 또한 집의 베이스 컬러와 가구들과 함께 자연스럽게 조화를 이룹니다.

Bedroom

Before
- 바닥과 방문 때문에 집이 굉장히 낡고, 올드해 보입니다. 무늬가 있는 벽지 또한 오래전 패턴이라 산뜻한 느낌을 주지 못합니다.

After
- 톤 다운된 오렌지 컬러로 포인트를 준 마스터 룸입니다.
- 밝은 색의 강화 마루를 사용해 다른 건물에 막혀 채광이 안 되는 집을 밝게 해 줍니다. 강화마루는 본드 시공이 아닌 조립식 시공이어서 아기가 태어날 집에 안성맞춤입니다.
- 스트라이프 패턴의 롤스크린으로 다른 건물의 창과 맞닿는 시선을 막아 주었습니다.

Bedroom

- 베란다와 연결되어 있는 작은방입니다.
- 아기가 태어나기 전에는 게스트룸으로, 아기가 태어나면 아기방으로 사용할 방의 벽지는 따뜻한 느낌의 레몬컬러를 선택했습니다.
- 아이방에 어울리지 않는 칙칙한 상부장은 철거하고 오래된 장판은 큰방과 같은 강화마루를 깔았습니다.
- 천장의 어두운 조명을 교체하고, 침대 옆에 장스탠드를 주어 간접조명을 할 수 있도록 했습니다. 아이가 태어난 후 직접 조명보다 스탠드를 활용하여 간접 조명을 쓰면 아이도 안정감을 느낄 수 있을 겁니다.
- 베란다와 연결되는 문에 스프라이트 패턴의 롤스크린을 달아 안방과 통일감을 주었습니다.

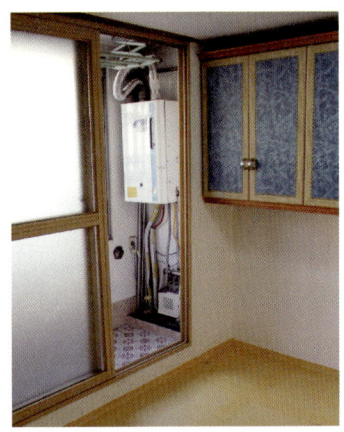

After _ Bathroom

Bathroom

Before
- 옥빛 세면대와 정신없는 문양의 바닥 타일 때문에 청소를 해도 청결하게 보이지 않습니다.
- 샤워 수도기가 세면대의 맞은편에 자리 잡고 있어 공간이 어수선하고, 활용도도 좋지 않습니다.

After
- 단색의 자기 타일로 단순하면서도 심플하게 구성했습니다.
- 변기 위쪽으로 일체형 오픈 선반을 만들고, 그 위에 수납형 바구니에 놓아 수건과 휴지 등을 담아 사용할 수 있게 했습니다. 호텔 화장실 못지않은 분위기가 되었죠?
- 좁은 욕실의 장을 없애고 부부가 딱 필요한 물품만 두고 사용하는 것이 욕실을 좀 더 깨끗이 사용할 수 있는 방법입니다. 보통 쓰지 않은 샴푸나 세제 등을 욕실장에 보관하곤 합니다. 그러나 좁은 욕실은 습기가 많기 때문에 보관에 좋지 않은 장소입니다.
- 화장실 거울이 반드시 네모 모양에, 커야 할 이유는 없습니다. 원형 디자인의 이케아 제품으로 좁은 욕실을 심플하게 만들고, 포인트를 주도록 했습니다.
- 베이비 욕조를 두고 쓸 수 있도록 한쪽으로 욕실 용품을 몰아 놓아 공간 활용도를 높였습니다.
- 세면대 공간에 샤워기를 설치했습니다.

생활공간
아이디어
6

집안의 데드 스페이스 활용하는 방법

데드 스페이스란 집안에 숨어 있는, 사용하지 않는 공간입니다. 집의 데드 스페이스를 잘 활용할 수 있다면 집안 곳곳을 수납 및 디자인적인 포인트를 줄 수 있는 정말 기특한 공간이지요. 우리집의 데드 스페이스 찾는 방법은 간단합니다. 하드웨어적인 리노베이션 없이 가구 배치만을 활용한 방법입니다. 가전, 가구의 배치를 노트나 도면에 그린 후, 그 위에 동선과 활용도를 쓰거나 그려 보세요. 이때 가족 구성원의 동선 라인이 구축되며, 가구 배치 및 배치 각도, 위치에 따라 생기는 동선 외의 공간을 찾을 수 있습니다.

1_ 고정관념을 탈피해 새로운 공간으로 태어난 데드 스페이스 작은 아파트의 경우 어떤 집을 가도 냉장고는 '꼭 그 자리'에 있습니다. 그 자리가 어딘지는 모두 짐작하시겠죠? 냉장고 자리에 냉장고를 두어야 한다는 생각을 버렸더니 놀라운 공간이 생겼습니다.

흔히 볼 수 있는 17평 아파트 구조입니다. 기존에 슬라이딩 중문이 설치되어 있어 답답하고, 낮아 보이던 부분을 전체 철거한 후에 일체형 거실로 만들고, 냉장고를 두던 바로 '그 자리'에 기존에 있던 벽체와 가벽을 설치 연장하여 미니 서재를 만들었습니다.

2_ 가벽을 통한 집안의 데드 스페이스를 효율적으로 활용하는 방법 집집마다 가구 등을 비슷한 위치에 배치하다 보니 비슷비슷한 곳에 데드 스페이스가 있습니다. 하지만, 모든 집들이 동일한 데드 스페이스를 가지고 있지는 않다는 점, 우리집만의 가구 배치에 따라, 동선에 따라, 활용도에 따라 달라진다는 점 알아두세요.

단독 주택 현관에 부담스럽지 않은 가벽을 세워 TV 자리를 마련했습니다. 단, 바닥부터 천장까지 완전히 막은 가벽은 집을 어둡게 할 수 있기 때문에 간단한 수납을 할 수 있는 심플한 디자인의 가벽을 세웠습니다.

3_ 허전한 벽면을 실용적인 수납과 인테리어 공간으로 가장 눈에 띄면서 아무것도 안 하며 놀고먹는 공간이 있습니다. 바로 '벽'입니다. 요즘은 그나마 벽걸이 TV 덕분에 나름의 기능은 하고 있지만 여전히 한가한 공간입니다. 벽면을 최대한 활용하세요.

LITTLE
HOUSE
RENOVATION

좁은 주방을 넓게 활용하는 색다른 공간 제안

주거 형태_ 80m²(24평형) 아파트 시공 기간_ 30일
총비용_ 1850만원(홈스타일링)

THE TABLE NEAR
THE WINDOW

26년 동안 단 한 번도 손을 댄 적이 없는 24평 주공아파트의 신혼부부 전셋집입니다.
다행인 건 집주인이 화장실과 싱크대를 수리해 주기로 한 점입니다.
홈스타일링과 함께 전체적인 리모델링 효과를 주었습니다.

PRACTICAL SPACE
RENOVATION

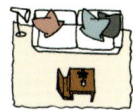

Meeting

처음 예비신부와 통화를 할 때는 공사 일정이 짧아서 진행이 어려울 듯했습니다. 다행히 예비신부가 기존 세입자에게 양해를 구해 일정을 맞춘 덕분에 작업할 수 있었습니다. 차분한 어투의 신부와 둥글둥글 인상 좋은 신랑이 사무실 문을 열고 들어왔습니다.

24평 전세인데 주인집에서 화장실 공사와 싱크대를 교체해 주겠다고 하여 전체적으로 손을 볼 수 있는 조건이었습니다. 깨끗한 집을 만들 수 있기 때문에 세입자로서는 최적의 조건이었습니다. 홈 스타일링 과정과 예산에 대해 설명하고 원하는 스타일의 이미지를 요청하였습니다.

며칠 뒤 신부가 보내 온 자료를 보니 24평형의 집에서는 구현할 수 없는 디자인이었습니다. 또 두 사람이 계획한 예산으로는 부족할 만한 이미지가 많았습니다.

"실장님, 돈이 너무 많이 들면 안 돼요."

전셋집이기 때문에 가구와 소품에 투자를 하면 좋겠지만, 두 사람이 예산을 너무 적게 잡아 고민이 많았습니다. 전셋집이라고 해서 싼 제품만 구매하는 것은 비효율적이고 만족도도 떨어집니다. 큰 집으로 이사한 후에도 사용할 수 있는 좋은 제품을 구매하는 게 여러 모로 경제적입니다.

많은 커플들이 결혼 준비를 하는 걸 지켜보면 가장 먼저 예식장을 예약합니다. 그 다음 집을 구하고 나서는 스튜디오, 메이크업, 드레스, 예단, 예물 순서로 진행됩니다. 그러고 나서야 혼수를 생각하기 때문에 가장 오래 쓰고 매일 보게 될 가구와 구입에는 예산이 빠듯한 경우가 많습니다.

또한 큰 가구들만 생각하기 때문에 집을 꾸미는 데 있어서 가장 큰 감초 역할을 할 조명이나 액자, 패브릭, 소품 등의 제품 구매 예산이 없는 경우가 많습니다. 신혼집 꾸미기나 인테리어를 계획하고 있다면 조명과 액자, 패브릭, 소품 등을 함께 고려하여 예산을 짜야 합니다. 그래야 예쁜 집을 꾸밀 수 있습니다.

작업할 집의 첫 인상은 '낡아도 너무 낡았다'였습니다. 정말 오래도록 방치되어 있었다는 표현이 딱 맞을 것 같았습니다. 110V 전기 콘센트가 그대로 있을 정도였습니다. 주로 사용하는 곳만 220V로 고쳐 사용하고 있었습니다.

첫 완공 때 달았던 조명들도 그대로였습니다. 그렇다면 그동안 입주자들이 사용을 잘한 건가요? 주방 식탁등은 테이프로 말아서 달랑달랑 달려 있었습니다. 한눈에 보기에도 위험하고 볼품없습니다. 창틀이 우드로 되어 있는 아파트입니다. 역시 딱 필요한 외부 새시만 새로 하셨더라고요. 하하!

방문과 문틀, 몰딩이 전부 옥색입니다. 매우 난감합니다. 페인팅까지 하게 되면 계획한 예산을 초과한다며 부부가 직접 페인팅을 하겠다고 했습니다. 두 분에게 셀프 페인팅 하는 방법과 유의사항 등을 조목조목 설명해 주었지만 초보자 두 사람이 그 많은 페인팅을 하기에는 힘들 듯했습니다.

우려했던 대로 셀프 페인팅의 결과는 매우 좋지 못했습니다. 결국 저희가 마무리 작업을 했습니다. 예비신부는 왜 말렸는지 그때서야 알겠다며 울먹울먹!

방문일에 현장을 보니 마침 주인집에서 화장실 공사와 싱크대를 교체하고 있었습니다. 현장에서 만난 신부의 얼굴은 매우 어두웠습니다. 앞서 설명한 대로 110V의 콘센트가 아직도 남아 있을 정도로 낡은 데다, 지난 26년간 한 번도 손을 보지 않은 아파트였으니까요.

"거실과 주방을 가로막는 가벽을 없애고 싶은데, 괜찮을까요?."

"옥색 몰딩은 어쩌면 좋을까요?

"가전은 오래 쓸 제품이니 크고 좋은 제품을 구매하고 싶어요."

"주방에 대한 로망이 있어요."

"제가 옷이 많은데 드레스룸이 있었으면 해요."

지역과 평수 대비 전세금 등 많은 조건을 보고 얻은 집이지만, 너무 오래된 내부를 보고 나름 많은 고민을 하고 물어보는 질문이었을 겁니다. 하지만 시공에 들일 예산이 부족하고, 비용이 만만치 않게 들어가는 가벽 철거 시공을 전셋집에 하는 것은 효율적이지도 않기 때문에 그 비용을 가구에 쓰는 대신 가벽을 이용한 디자인을 제시했습니다.

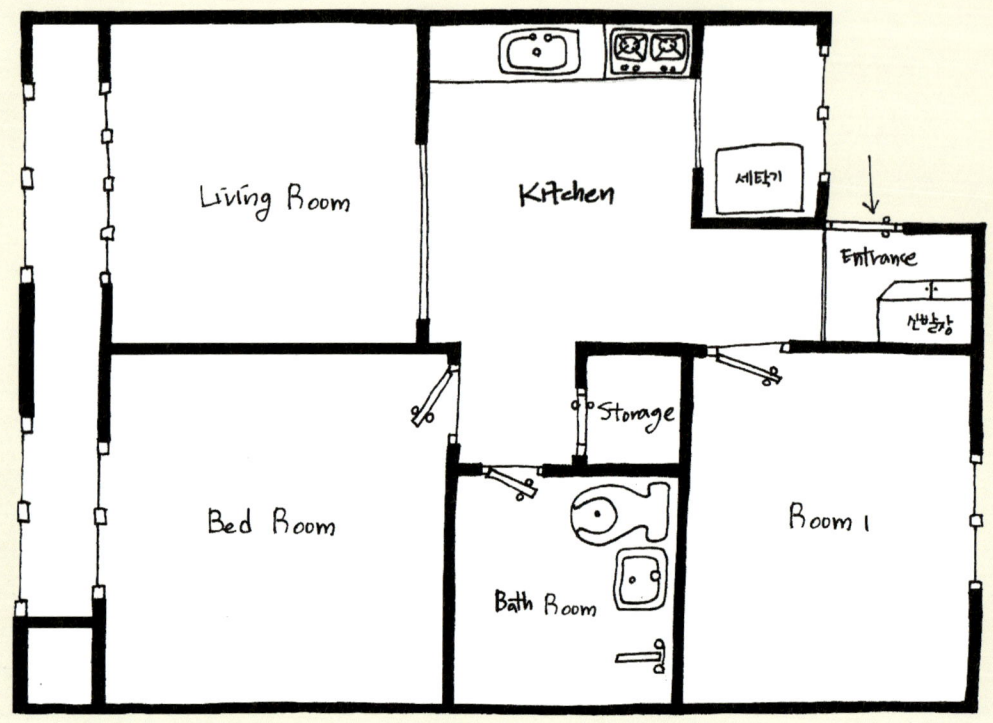

공간의 문제점&개선사항

Before
- 완공 후 한 번도 손을 보지 않았기 때문에 기본적인 조명과 콘센트 등 전기 작업은 필수입니다.
- 대형 가전 구매로 가전 수납공간과 식탁 자리가 없다는 점이 문제입니다.
- 작은방을 드레스룸으로 구성할 경우 모든 공간을 서로가 공유해야 하기 때문에 혼자 있을 공간이 없다는 점도 신경쓰였습니다.

After

[Bedroom] 드레스룸 겸 침실로 구성했습니다. 침실에 침대와 옷장, 화장대, 전신 거울을 두어 한 곳에서 외출 준비를 마칠 수 있도록 했습니다.

[Multi-Room] 드레스룸으로 구성하길 원했던 방입니다. 하지만 창가가 너무 예쁘고, 두 사람이 사는 집이므로 옷만 채워 넣는 공간으로 활용하기에는 너무 아까워 멀티룸으로 구성했습니다.

[Kitchen] 멀티 가구를 제작함으로써 실용적인 레이아웃을 잡을 수 있었습니다.

[Living Room] 밝은 하늘색 벽지를 시공하고, 흰색 소파로 좁은 공간을 최대한 밝아 보이게 구성했습니다.

After _ Multi Room

Multi-room

Before

- 방이 둘 뿐인데, 그중 방 하나를 드레스룸으로 만들어달라는 신부의 요청이 있었습니다. 하지만 이 방에 들어선 순간 4층 아파트 창밖 너머로 불어오는 신선한 바람과 사삭사삭 들려오는 나뭇잎 소리 때문에 이 방을 드레스룸으로 만들기에는 너무 아깝다는 생각이 들었습니다. 그래서 감성 돋는 예쁜 공간을 만들어보겠다며 설득했습니다. 드레스룸은 별도의 공간으로 빼겠다는 약속도 드렸습니다.
- 아무리 사이좋은 신혼부부라도 24시간 붙어 있을 수만은 없습니다. 아주 가끔씩은 혼자만의 공간이 필요합니다. 저는 작은 집일 경우 멀티 공간을 좋아하지만, TV와 컴퓨터를 함께 두는 것과 침실에 컴퓨터를 두는 것은 추천하지 않습니다. 휴식의 공간은 오로지 휴식만 할 수 있도록 하는 것이 좋습니다. 작은방을 드레스룸으로 할 경우 거실이나 침실에 컴퓨터를 두어야 하는데, 그렇게 되면 쉴 수 있는 침실도 영향을 받고, TV를 보는 거실도 영향을 받기 때문에 자기 공간으로서의 제 역할을 할 수 없습니다.

작은방

After

- 어떠세요? 창밖으로 보이는 초록빛 나무들이 공간을 참 편안하고 맑게 해 주지 않나요? 집에 나무를 심을 수 없는 아파트에서 큰 화분을 들인 효과를 줍니다.
- 창밑으로 큰 테이블을 두어 차를 마시며 책도 읽을 수 있습니다. 다이닝룸으로 활용할 수 있도록 천장에서 떨어지는 예쁜 갓등도 달아드렸습니다. 친구들이 오면 이곳에서 커피 마시며 수다 떨기에도 좋고 신혼부부에게는 대화의 공간이 될 것입니다.
- 테이블 뒤로 낮은 책장을 제작해 넣었습니다. 높은 장은 공간을 답답하게 하기 때문에 낮은 장을 설치해 넓어 보이도록 하면 지금의 분위기를 제대로 살릴 수 있습니다. 책장으로도 수납장으로도 활용할 수 있습니다. 낮은 장 위로 액자와 소품을 이용한 데코레이션도 가능합니다.

- 그리고 또 하나! 주방에 제작한 테이블과 함께 사용할 수도 있습니다. 다른 곳으로 이사를 가더라도 공간에 맞게 재사용할 수 있도록 모듈 가구 형식으로 만들었습니다.
- 외부 섀시만 교체되어 있고, 내부 창은 오래된 아파트에 많이 시공되어 있는 우드 창틀이었습니다. 카페에 있는 철재 창문의 느낌이 나도록 목재를 재단해서 창틀에 십자로 끼우고 블랙으로 페인팅하여 리폼했습니다. 결혼 전 사용하던 까만색 스탠드 조명이 리폼한 까만 창틀과 우드 선반과 참 잘 어울렸습니다.
- 홈스타일링을 마감하는 날 이곳에서 커피 한 잔을 마셨습니다. 신혼여행에서 돌아온 부부에게 이 공간을 보여 줄 흐뭇한 생각을 하면서 말입니다.

/ 좁은 주방을 넓게 활용하는 색다른 공간 제안 /

After_Kitchen

Kitchen

맞춤가구로 공간을 넓게 활용하기

- 작은 집일수록 공간에 맞는 가구가 공간을 더욱 인징적이고 넓어 보이게 합니다. 가구와 패브릭 제품까지 약 80% 정도의 제품을 맞춤 제작했습니다. 맞춤가구가 기성제품보다 가격이 비싸긴 하지만 비슷한 제품의 기성품에 비하면 퀄리티가 높을 뿐 아니라 공간에 딱 맞게 설계되어 있어 안정감을 줄 수 있습니다. 또한 다른 공간에서도 사용할 수 있도록 모듈 형식으로 제작하기 때문에 활용도와 만족도가 기성품보다 높습니다.
- 거실에서 바라본 주방과 현관 모습입니다. 현관 입구에 천장까지 세워져 있던 신발장을 없애고 분전함쪽으로 옮겨 분전함 바로 밑까지의 높이로 제작했습니다. 분전함은 액자를 세워 가려두었습니다. 답답하던 현관이 훨씬 넓어 보여 좋습니다.

주방 공간을 넓게 쓰는 것은 포기하자! 대신 수납과 공간 활용은 스마트하게!

- 요즘엔 냉장고가 정말 큽니다. 900리터대로 진입했으니 말입니다. 신혼살림을 장만할 때는 오래 사용할 수 있도록 큰 것을 선호합니다. 냉장고나 세탁기, 오븐형 전자레인지도 큼직큼직합니다. 이 부부 또한 24평 아파트에는 무리일 것 같은 큰 제품으로 구매를 하였습니다.
- 가구나 전자제품을 구입할 때 전셋집에 맞추어 가전을 사는 것도 추천할 방법은 아니지만, 큰 제품을 어떻게 배치해야 할지도 미리 생각해 두어야 합니다.
- 대형 냉장고 덕분에 식탁을 놓을 공간이 사라졌습니다. 그래도 식탁은 필요합니다. 그래서 오븐 전자레인지를 수납할 수 있는 아일랜드 식탁을 제작했습니다.

  - 식탁으로 사용할 수 있고 일자형의 좁은 싱크대 보조 역할도 할 수 있는 테이블입니다. 사용하지 않을 때는 싱크대쪽으로 밀어 두어 공간 활용도 할 수 있는 스마트한 테이블입니다.
  - 주방 아일랜드 테이블을 멀티룸의 책장과 함께 사용할 수 있도록 제작해서 주방이 넓은 집으로 이사하게 되더라도 계속 사용할 수 있도록 했습니다. 스마트한 테이블 맞지요?

Living Room

- 아담한 거실은 밝은 하늘색 벽지로 포인트를 주고, 흰색 가죽 소파를 들였습니다. 공간이 좁다고 무조건 흰색으로 통일하면 자칫 심심해 보일 수 있기 때문에 컬러감이 없는 소파일 경우에는 컬러 있는 벽으로 포인트를 주면 좋습니다. 작은 거실을 상큼하게 꾸밀 수 있습니다.
- 심플한 조명과 같은 느낌의 액자 세 개를 벽면에 장식해 갤러리 느낌의 안락한 분위기를 연출했습니다. 좁은 거실의 경우에는 커튼보다 블라인드를 설치하는 것이 좋습니다. 군더더기 없이 깨끗한 공간을 구현할 수 있기 때문입니다.
- 집은 주인을 닮는다고 합니다. 저희가 진행하는 집들도 그 집에 살게 될 클라이언트들을 닮는 것 같습니다. 차분하고 조용한 성격의 신부와 계속 미팅하며 의견을 수렴해서 나온 집이라서 그런지 차분하면서도 깔끔한 파스텔 톤 집이 되었습니다.

After _Bedroom

Bedroom

- 드레스장은 효율적인 수납을 위해 붙박이장으로 제작했습니다. 물론 이사할 때 가져갈 수 있도록 만들었습니다.
- 침대는 공간이 좁아 보이지 않도록 프레임과 침대 헤드가 낮은 심플한 디자인으로 제작했습니다. 침대 헤드에 작은 선반을 함께 달아 사이드 테이블을 따로 두지 않아도 됩니다.
- 스타일링 마감을 신혼여행에서 돌아오던 날로 잡고 입주할 신혼부부를 맞이했습니다. 마치 러브하우스가 연상될 정도로 활짝 기뻐하는 부부의 모습을 보니 뿌듯했습니다. 이런 재미로 이 일을 계속 하는가 봅니다.

- 드레스룸으로 꾸미려던 작은방을 다용도로 멀티공간으로 바꾸고 나니 침실에 옷장과 화장대를 함께 두어야 했습니다.
- 전신거울을 크게 제작해서 공간이 더 넓어 보이는 효과를 주었습니다. 화장대 거울과 전신거울 겸용의 역할을 할 수 있도록 가로 사이즈가 넓은 거울을 제작했습니다. 화장대 역시 화장대이긴 하지만 작은 책상으로도 사용할 수 있는 높이로 제작했습니다.

생활공간
아이디어
7

좁은 집 넓게 쓸 수 있는 공간 활용 아이디어

요즘은 살기 편한 작은집을 선호하는 추세입니다. 그래서인지 작은집을 예쁘고 효율적으로 꾸미기에 대한 요구가 급증하고 있습니다. 좁은 집을 넓게, 더욱 효율적으로 쓸 수 있는 인테리어 방법들을 소개하고자 합니다.

1_ 좁은 공간은 맞춤형 가구로 좁은 공간일수록 기성 장롱이나 수납장보다는, 맞춤형 붙박이장으로 공간 확보를 최대화하는 게 좋습니다. 다리가 없는 수납박스 등을 책장으로 활용하면 공간 활용을 극대화 할 수 있습니다.

거실과 작은방 확장을 했던 현장인데요. 확장 후 작은방과 연결되는 거실의 벽면을 미니 서재로 만들어 PC 사용 및 책을 수납할 수 있는 공간으로 만들었습니다. 이 공간은 아이들의 아빠가 가장 맘에 들어했던 기억이 나네요.

2_ 밝은 컬러의 마감재 좁은 집을 인테리어 할 때 가장 손쉽게 넓어 보이게 하는 방법입니다. 좁은 공간일수록 어두운 계열의 벽지나 바닥재는 피하는 게 좋습니다. 좁고, 답답해 보이기 때문입니다. 화이트나 아이보리 등의 밝은 컬러를 사용하면 한층 넓어 보이고, 깔끔한 느낌을 살릴 수 있습니다. 하지만 자칫 잘못하면 너무 밋밋해 보일 수 있으니 레드나 블랙 등의 컬러를 과감하게 활용하여 포인트를 준다면 한결 생동감 있고, 멋스러운 집으로 변신할 수 있습니다.

3_ 자투리 공간에 할 일을 주자 상담차 여러 집을 방문하다 보니 대체로 집의 자투리 공간을 자주 보게 됩니다. 하지만 대부분 아까운 자투리 공간을 그냥 방치하는 경우가 많더라고요. 좁은 집의 매력이자 생명은 멋진 아이디어가 숨어 있는 공간 활용이라는 점 잊지 마세요. 집안 곳곳에 숨어 있는 수납공간을 찾아보세요. 발견하는 순간 무엇을 수납할지, 어떤 물건을 놓을지도 떠오를 겁니다.

4_ 다양한 수납공간 확보하기 보이는 수납보다는 안 보이는 수납공간이 좁은 집을 더욱 넓어보이게 하고, 실용적입니다. 예를 들면, 침대 밑에 서랍장을 만들거나 침대의 헤드보드 대신에 선반을 만드는 것입니다. 또는 거실에 보이지 않는 도어 수납장을 곳곳에 만들어 두면 굉장히 효율적으로 사용할 수 있습니다.

LITTLE
HOUSE
RENOVATION

PRACTICAL SPACE

일과 살림을 한 공간에 넣다

주거 형태_ 81m²(24평형) 아파트 **시공 기간_** 30일
총비용_ 1800만원(홈스타일링)

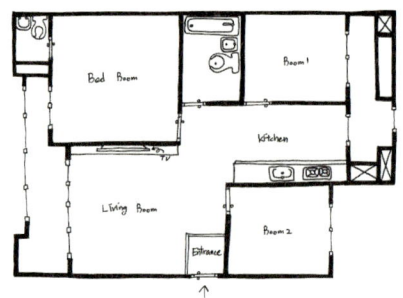

큰 돈 들이기 어려운 전셋집. 홈스타일링만으로 실용적이면서도 예쁜 집으로 탈바꿈!!

PRACTICAL SPACE
RENOVATION

Meeting

    20대 중반의 앳된 여성이 저희 사무실로 당차게 들어서던 모습이 기억납니다. 사업가인 예비신부는 예비신랑 없이 혼자서 우리와 첫 대면을 하였습니다. 전셋집 홈 스타일링 의뢰를 하던 날.

    "다른 사람들도 오자마자 계약하고 가나요?"

    미팅이 끝날 때쯤 그녀는 조심스럽게 이렇게 물었습니다. 사회에 첫발을 내디딜 때의 두려움과 비슷한 느낌입니다. 결혼 전에는 집에 대한 고민을 그리 많이 하지 않을뿐더러 집을 리모델링한다는 것은 대체로 부모님의 일이지 결코 내 일은 아니었을 겁니다. 하지만 결혼을 함과 동시에 집에 대한 모든 결정은 본인 스스로 내려야 합니다. 그런 결정을 한 번도 해 보지 않은 젊은 친구들에게는 기대와 함께 두려움이 앞서게 마련입니다. 그렇기 때문에 시전에 많은 자료를 찾아보고 믿을 만한 파트너를 골라야 합니다.

    현장 미팅 날에 신혼집에 가 보니 도배와 장판이 이미 시공되어 있었습니다. 전셋집이다 보니 집주인이 가장 저렴한 제품인 소폭 합지와 장판으로 시공해 준 것입니다. 그러다 보니 집의 베이스가 영 볼품없었습니다.

    전셋집이라 도배 장판은 집주인이 하지 않아도 되는데, 신혼부부를 위해 특별히 새로 시공해 주신 거였습니다.

　물론 집주인이 도배와 장판을 무료로 해 주면 감사할 일이지만, 실제 거주할 세입자의 취향을 전혀 배려하지 않고 시공한 터라 예비부부의 마음이 무겁기만 할 뿐이었습니다. 집주인이 꽤나 고지식할 것 같다는 생각도 들었습니다.

　그 불안감은 결국 집에 절대 손대지 말라는 결과로 돌아왔습니다. 집 전체 분위기에 영향을 주는 체리색 몰딩을 바꾸고 싶어 인테리어 필름 시공만 하려고 했는데 집주인은 집에 손대지 말라고 합니다.

　공짜로 시공해 주니 집주인이 좋아할 거라고 생각하지만 정작 그렇지 않은 경우가 많습니다. 그러니 전세일 경우에는 공사 전에 집주인의 허락을 꼭 받아야 합니다. 마음대로 시공했다가는 원상 복구해 주어야 하는 난처한 상황이 발생합니다.

어떤 세입자를 만나는가, 어떤 주인을 만나는가에 따라 집의 상태는 하늘과 땅 차이로 변합니다.

남의 집이라고 함부로 쓰게 되면 집주인들은 더 깐깐하게 변하게 되고, 세입자들은 개성 있는 집을 만들 수 없습니다. 집을 아껴주는 것이 다른 집에서도 예쁘게 살 수 있는 방법이지 않을까 합니다.

"사람들을 집에 초대하는 걸 좋아해요. 그리고 집에서도 업무적인 미팅이 많아요."

"거실에 TV를 두고 싶지 않아요. 한쪽 벽면을 전부 책장으로 채우고 싶어요."

"지인들이 편히 자고 갈 수 있는 게스트룸이 있었으면 좋겠어요."

"체리색 몰딩이 너무 싫어요."

"이사할 때 전부 가져갈 수 있었으면 좋겠어요."

사람들과의 만남을 좋아한다는 사교성 좋은 그녀가 원하는 집은 신혼부부나 젊은 학부형들이 원하는 북카페 스타일의 서재형 거실이었습니다.

결혼 준비로 예산이 빠듯했던 신혼부부는 처음 미팅 때와는 다르게 전체 시공은 하지 않기로 했습니다. 조금 아쉽더라도 주인집에서 해 준 도배로 만족하기로 했고, 체리색 몰딩도 그냥 참고 살기로 결정했습니다.

사실 모든 인테리어의 기본은 베이스만 잘 잡으면 50%는 성공했다고 할 수 있습니다. 그런데 베이스 시공을 모두 포기해야 하는 상황에서 홈스타일링을 해 드려야 했지요.

시공을 하다 보면 자금 등의 문제로 처음 계획했던 디자인을 모두 실현할 수 없는 경우가 종종 있습니다. 특히 이번 사례와 같이 주인집에서 리모델링을 반대할 경우 더욱 고민이 많아집니다. 집의 구조를 변경하지 않으면서도 실용적인 동선을 찾아야 하기 때문입니다.

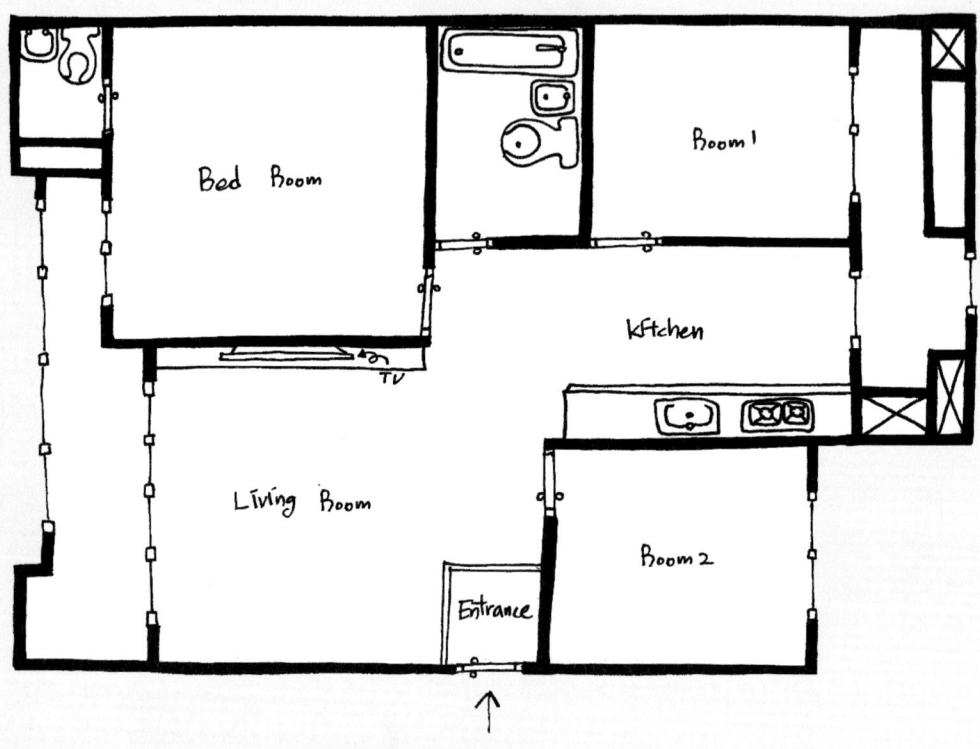

공간의 문제점 & 개선사항

Before
- 좋은 구조를 가진 아파트였지만 체리색 몰딩 마감은 모든 공간에 영향을 줄 수 있습니다. 시공을 전혀 할 수 없는 상태에서 그것을 해결하는 게 이 집의 가장 큰 문제점이었습니다.

After

[**Bedroom**] 침대만 심플하게 두기로 했습니다.

[**Living Room**] 미팅할 수 있는 공간을 위해 대형 테이블과 책장으로 북카페 분위기를 연출했습니다.

[**Guest Room**] 소파 겸용 침대를 제작하여 멀티룸으로 사용 가능한 공간을 구현했습니다.

[**Dress Room**] 화장부터 의상까지 한 번에 해결할 수 있는 원스톱 드레스룸을 만들었습니다.

Living Room

TV를 없애고 멀티로 사용할 수 있는 공간으로 활용

- 업무와 관련한 미팅이 많고 지인을 초대하는 것을 좋아하는 클라이언트 신혼부부를 위해 북카페 스타일의 거실을 만들었습니다.
- 집에 TV를 두고 싶지 않다는 요청에 따라 보통 30평 이상의 아파트 다이닝룸에 두는 대형 테이블을 24평 아파트 거실에 두었습니다. 대형 테이블은 생활공간디자인에서 제안하는 잇아이템이 되었습니다. 작은 공간이라고 해서 작은 가구만 들일 필요는 없습니다. 작은집이라서 작은 가구를 샀는데, 남는 공간을 다른 용도로 사용할 수 없는 것보다 대형 테이블과 같이 활용도 높은 가구를 들이는 것이 공간을 더욱 효율적으로 사용할 수 있는 방법입니다.

- TV를 없앤 거실은 부부에게 대화의 공간임과 동시에 책을 읽고 취미 생활을 할 수 있는 서재의 공간이자 재택 근무하는 신부에게는 미팅하는 회의 공간이며, 지인들에겐 카페의 공간으로 활용될 것입니다.
- 거실에 책장과 테이블, 칠판을 두어 미팅을 할 수 있는 공간이면서 식탁으로도 사용할 수 있도록 했습니다.
- 테이블과 책장은 내추럴하고 따뜻해 보이는 분위기를 위해서 물푸레나무와 오크로 제작하여 원목이 주는 따뜻함을 살렸습니다.
- 베이스 공사를 하지 않고 홈스타일링만으로 집을 꾸밀 때에는 어떤 재질의 가구를 선택하는가에 따라 분위기가 달라집니다. 집의 스타일을 잡을 때, 베이스나 가구 둘 중 한쪽에만 힘을 주는 것이 좋습니다.
- 클래식한 몰딩에 클래식한 소파를 둔다면 너무 클래식하여 무겁고 올드하게 느껴질 수 있지만, 심플한 베이스의 공간에 클래식한 가구 하나를 포인트로 두면 클래식한 멋이 느껴지지만 무겁지 않은 간결한 공간을 얻을 수 있습니다. 이렇게 한 가지 스타일만 고집하지 말고 믹스앤드 매치를 적당히 한다면 개성 있는 공간을 만들 수 있습니다.
- 요즘엔 거실을 다른 용도로 많이 활용합니다. 각자의 생활 패턴을 생각해서 공간 활용을 하면 더욱 좋습니다.

조명의 활용

- 공간에 힘을 주는 가장 큰 역할을 하는 것이 조명입니다. 조명만 잘 활용한다면 한 공간에서 느낄 수 있는 분위기가 정말 다양해집니다. 공간을 밝혀주는 기본적인 천장 조명 외에 벽 조명, 스탠드, 테이블 조명 등으로 더욱 매력적인 공간을 연출해 보는 것도 좋습니다.
- 전셋집이라서 전기 공사는 하지 않는 대신 천장등과 스탠드 조명을 두었습니다. 카페 같은 은은한 분위기를 원할 때는 메인등을 끄고 스탠드 조명만 밝히면 됩니다.
- 서브 조명을 잘 선택하면 공간이 갖는 역할도 많아집니다. 빛의 색감에 따라 공간이 따뜻해 보이기도 하고 차갑게 보이기도 합니다. 사는 데 있어서 반드시 필요한 필수용품은 아니지만, 작은 사치 한번 부려보는 것도 좋을 것 같습니다.

After _Guest Room

Guest Room

- 24평 아파트에서 오로지 방문객만을 위한 방을 마련한다는 건 쉬운 일이 아닙니다. 하지만 이 집의 경우 손님들의 방문이 잦아 손님이 자고 갈 수 있는 별도의 공간이 꼭 필요했습니다.
- 작은 집에서 손님만을 위한 침실을 둔다면 평소에는 사용하지 않는 공간이 될 수밖에 없습니다. 평소에도 사용할 수 있도록 게스트룸 침대를 소파 겸용으로 제작했습니다. 평소에는 작은 응접실이나 휴식의 공간으로 사용할 수 있어 손님의 방문이 없을 때 부부를 위한 공간이 될 수 있습니다.
- 2000mm x 900mm 사이즈로 제작된 침대의 하부에 서랍장을 달아 수납이 용이하도록 하고, 옆면으로 책을 꽂아둘 수 있도록 해서 언제든지 책을 꺼내볼 수 있도록 했습니다.
- 의자로도 사용할 수 있고 테이블로도 사용할 수 있는 소프트한 소재의 스툴을 이곳에 두면 자리도 많이 차지하지 않고 가벼워서 다용도로 활용할 수 있습니다. 좁은 공간에 사용하기 좋은 아이템입니다. 거실 테이블로도 쓸 수 있어 좋습니다. 좁은 공간에서는 다용도로 사용할 수 있는 제품이 공간의 활용성을 좀 더 높여줄 수 있기 때문에 제품을 구입할 때 활용도를 생각하며 선택해야 합니다.
- 깔끔한 분위기를 위해서 최대한 체리색 몰딩을 가리려고 노력했습니다. 그래도 체리색 몰딩이 보일 때마다 베이스 시공을 하지 못한 것이 못내 아쉬웠습니다.
- 깔끔한 느낌을 위해 블라인드를 시공하고 싶었지만, 이사 후에는 사용할 수 없기 때문에 커튼으로 대신했습니다. 블라인드가 이 공간을 더욱 잘 살릴 수 있을 것 같습니다.
- 블라인드와 커튼을 적절히 사용하면 좋습니다. 집안 전체를 커튼으로 한다면 집이 무거워 보일 수 있습니다. 반대로 집안 전체를 블라인드로 시공하면 군더더기 없는 심플한 공간을 만들 수 있지만 자칫 차가워 보일 수 있습니다. 창의 모양과 상황에 따라 선택하는 것이 좋습니다.

After _ Bedroom

Bedroom

- 침실은 침대만 두고 다른 가구들을 들이지 않았습니다. 침실에 테이블을 두거나 TV를 두면 침대 위에서 생활하게 됩니다.
- 우드 소재의 침대와 흰색 호텔 베딩 세트, 그리고 머스타드 색깔의 베드러너, 패턴 있는 패브릭 쿠션과 매트로 안락한 북유럽풍 침실을 만들었습니다.
- 침실에 딸린 화장실문과 창을 커튼으로 가려줌으로써 체리색 몰딩이 주는 강한 색감을 없애 북유럽풍 침실 분위기에 영향을 미치지 않도록 했습니다.
- 인테리어를 할 때 서재형 거실과 게스트룸은 한번쯤 응용해 활용해 보면 좋을 듯합니다.

• 작은 평수의 집을 꾸밀 때에는 낮은 가구들을 사용해야 집이 더 넓어 보이는 효과를 얻을 수 있습니다. 침대를 낮은 제품으로 선택해서 공간이 더 넓어 보일 수 있도록 했습니다.

생활공간
아이디어
8
—

우리집에 어울리는 커튼, 침구 색상 알아보기

1_ 커튼 컬러 활용하기 커튼은 색감과 질감을 체크한 후 구매하면 더욱 만족스러운 효과를 얻을 수 있습니다. 프로방스풍을 연출하고 싶다면 그린 및 오렌지, 코발트블루 등 밝은 컬러의 체크 패턴 및 물방울 모양을 선택하면 좋습니다. 소재의 질감은 가볍고, 약간은 거친 터치감이라도 좋습니다.
모던한 집을 연출하고 싶다면 원색 계열 또는 밝은 화이트 계열의 부드러운 질감을 선택하면 더욱 고급스러운 효과를 연출할 수 있답니다. 또는 원목 우드블라인드를 이용하여 메이플, 월넛 컬러를 사용하면 질리지 않고, 차분한 느낌으로 연출할 수 있습니다.

2_ 포인트 스티커 컬러 및 소품 컬러 활용하기 포인트 스티커를 사용하여 예쁜 공간이 나올 수 있는 곳을 집안 곳곳에서 찾아보세요. 보통 아트월 및 쇼파월, 콘솔자리에 포인트 스티커를 붙입니다. 하지만 집집마다 구조적인 차이가 조금씩 있기 때문에 적당한 곳을 스스로 찾는 게 좋습니다. 포인트 스티커의 컬러와 디자인 패턴에 잘 어울리는 소품이 서로 궁합이 맞을 경우 집 분위기를 확 바꿀 수 있습니다.

3_ 침구 컬러를 활용하기 '이불은 그냥 덮는 것'이라고만 생각하는 분들이 많습니다. 하지만 우리집의 침대 헤드 컬러와 벽체의 컬러를 고려해서 침구 및 베개, 쿠션 등을 구매하면 방안의 분위기를 잡아줄 수 있습니다. 개성 강한 스타일을 원한다면 블루 및 핑크, 바이올렛 톤을 활용하세요. 모던한 분위기와 산뜻한 느낌을 동시에 줄 수 있습니다. 여러 가지 컬러가 교차하는 스트라이프 패턴의 경우, 큐트한 효과를 줄 수 있습니다. 은은한 느낌을 좋아한다면 단조롭고 차분한 화이트 계열을 추천합니다.

LITTLE
HOUSE
RENOVATION

MINIMAL & COLOR STYLE

상식을 깨는 파격적인 가구 배치로 생활의 공간을 만들다

주거 형태_ 97m²(30평형) 아파트 **시공 기간_** 26일
총비용_ 3800만원(욕실, 도배, 바닥, 싱크대, 도어 교체, 전기&조명, 페인트, 목공, 신발장, 타일 외)

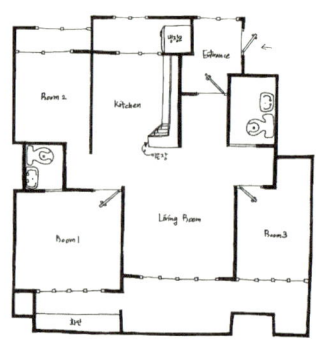

자연 채광의 장점을 한껏 살리고 심플하면서 기능적인 가구로 멋을 냈습니다

MINIMAL & COLOR STYLE
RENOVATION

Meeting

이번에는 깨가 쏟아지는 결혼 10개월차 부부의 신혼집입니다. 애교 만점 아내와 자상한 남편이 알콩달콩 살아갈 아파트입니다. 처음 방문 때만 해도 부부는 리노베이션의 범위를 정하지 못한 채 고민에 고민을 거듭하고 있었습니다.

부부의 고민이 어디 공사의 범위에만 그쳤겠습니까? 공사에 따른 비용도 큰 고민이었지요. 동시에 어떻게 하는 게 더 실용적이면서도 예쁠 수 있는지도 따져 보았을 겁니다. 저는 먼저 두 분이 이 집에서 몇 년을 거주할지, 2세 계획은 있는지, 좋아하는 스타일은 무엇인지 등을 자세히 여쭤보았습니다. 만약 거주 기간이 짧다면 대대적인 리노베이션보다 비교적 가벼운 홈드레싱을, 5년 이상 거주를 생각한다면 부부의 생활을 더욱 풍요롭게 할 수 있는 실용적인 디자인을 제안할 생각이었습니다. 상담 결과 대대적인 공사는 아니지만, 두 분이 그 집에서 머무는 동안 행복하게 살고 있다는 만족감을 주는 선까지 손을 보기로 했습니다.

"귀여운 느낌의 집보다는 개성 있고 고급스러운 집이 좋을 것 같아요. 지금 가지고 있는 가구들이 결혼 당시에 산 레트로풍 제품들이거든요. 1년 전에 신혼부부 사이에서 굉장히 인기를 끌었던 트렌드예요. 그런데 모든 가구가 귀여운 느낌이라 이제 지겹더라고요. 하다못해 티슈 케이스까지도 레트로풍이에요."

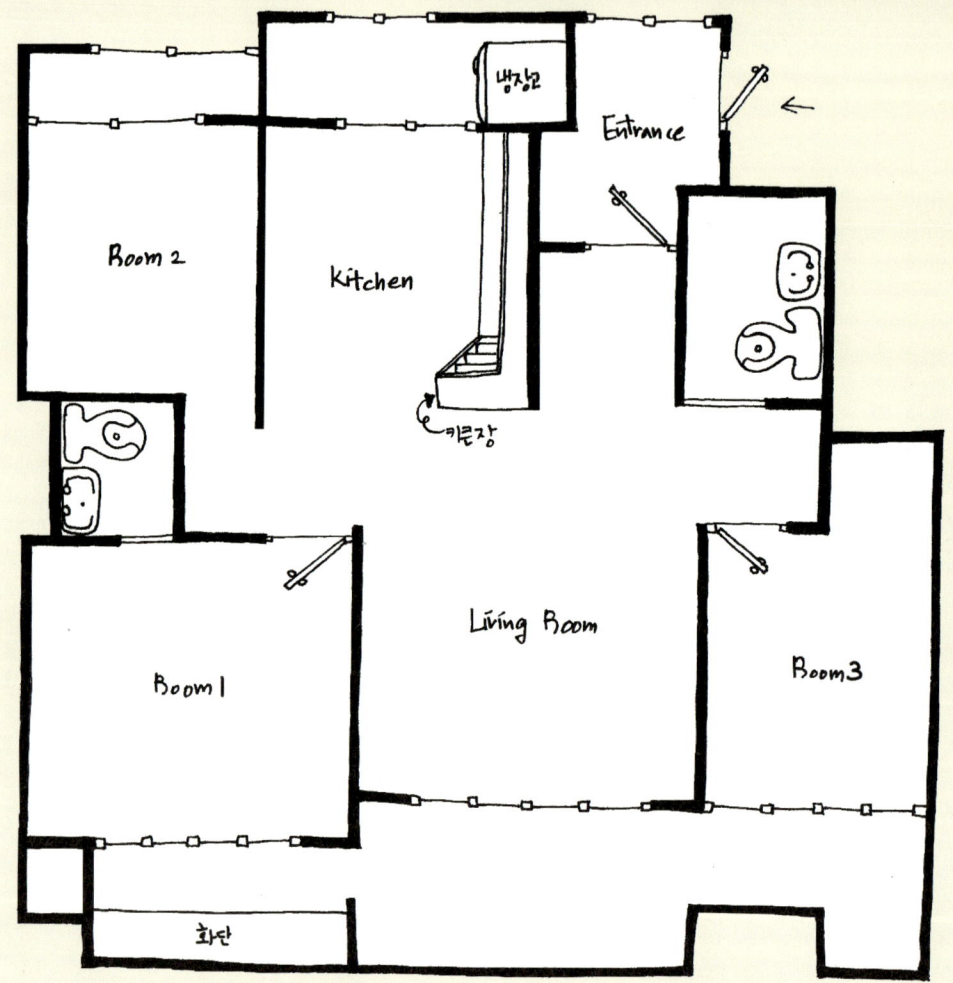

공간의 문제점 & 개선사항

Before
- 거실에서 주방을 보면 가운데 수납장이 막혀 있어서 주방이 매우 답답해 보입니다.
- 누수 때문에 검게 썩어가고 있는 마루. 보수가 시급합니다.
- 과하게 사용된 우드 컬러 때문에 숨이 턱 막히는 느낌입니다.
- 기존 세입자가 살고 있었음에도 불구하고 집에 따뜻한 사람 냄새가 나질 않고, 생기발랄한 맛도 느낄 수 없습니다.

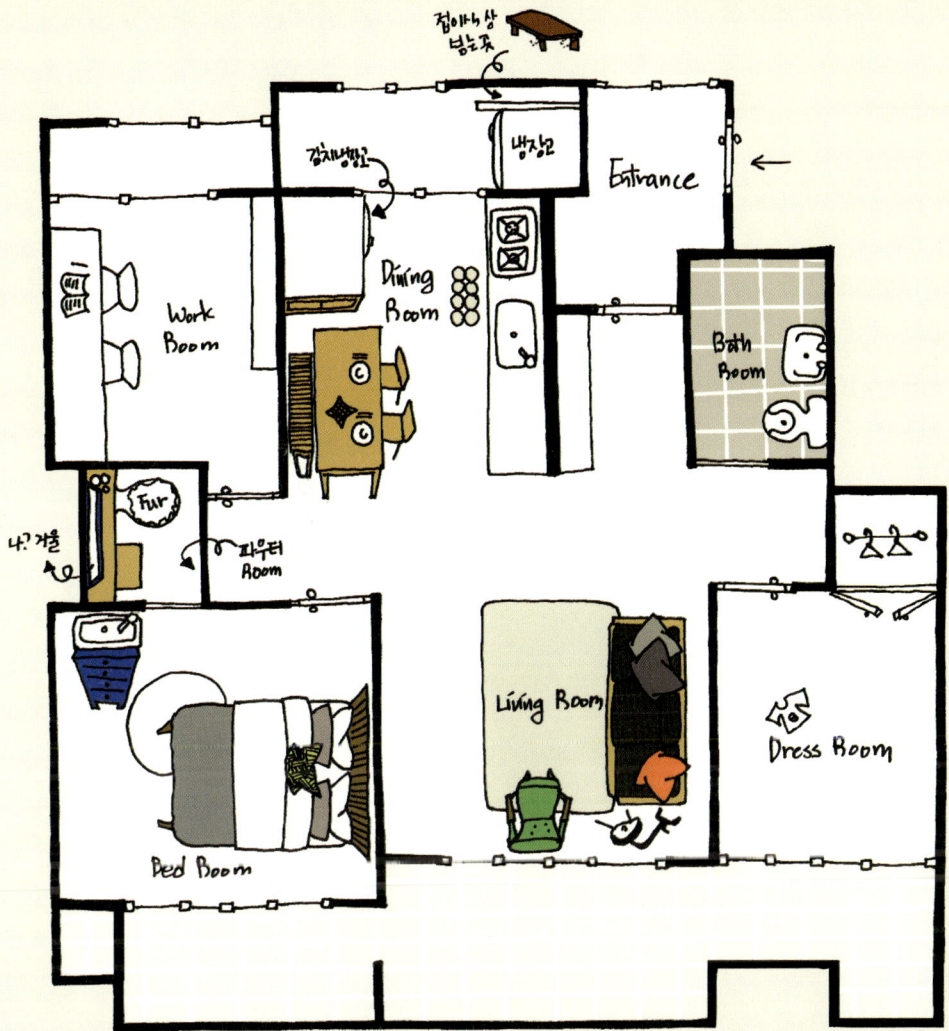

After

[Bedroom] 침대는 새로 구입하기로 했습니다. 벽체는 친환경 페인트로 페인팅하였습니다. 신부를 위한 공간이 따로 없었기 때문에 침실 화장실을 파우더룸으로 변경하였습니다. 침실 화장실에 있던 세면장을 철거하는 대신 침실 안쪽에 간단히 이용할 수 있는 미니 세면대를 설치했습니다.

[living Room] 소파, 장스탠드, 카펫은 구매하였으나 TV장과 커피 테이블은 기존 가구를 그대로 활용했습니다.

[Kitchen] 김치 냉장고장과 스테인레스 상판 싱크대는 직접 제작했으며, 식탁 겸용 테이블과 의자는 기성 제품을 구매했습니다.

[Study Room & Dress Room] 서재와 드레스룸에 있는 가구는 쓰던 가구를 재활용했습니다.

After _ Living Room

채광이 좋은 집이라 별도의 간접 조명을 설치하지 않았지만, 은은한 간접 조명이 필요할 경우를 대비해 장스탠드를 설치해 두었습니다.
내추럴 우드 뼈대의 가죽 소재 그린 컬러 암체어는 인디테일 제품으로 거실의 포인트입니다. 거실에 생동감과 율동감을 주는 가구입니다. 소파는 티크 원목의 블랙 가죽 소재인 세덱 제품입니다. 원목 소파 위에 비치한 오렌지 컬러의 패브릭 쿠션은 그린 컬러의 암체어와 컬러 매칭되도록 제작한 제품으로 감각적인 거실에 힘을 보탭니다.

Living Room

- 원래 있던 벽체와 천장은 건드리지 않고 벽지와 마루, 조명만 교체했습니다. 티크 원목 마루의 고급스러움과 심플한 화이트 벽, 인공적이지 않고 자연스러운 패브릭 천장 조명은 군더더기 없는 미니멀한 거실을 구현하는 데 좋습니다.
- 벽체가 너무 약해서 벽에 액자를 거는 것조차 힘들었습니다. 하지만 벽체 교체는 많은 비용이 들어가기 때문에 과감히 패스. 대신 거실 벽에 아무것도 걸지 않는 심플한 느낌을 주어 벽체가 약하다는 단점을 장점으로 바꾸었습니다.
- 자연 채광이 좋아 밝은 거실은 깨끗한 벽에 묵직한 소파 하나와 그린 톤의 색감 있는 암체어 하나만으로도 스타일이 살아나고 안락한 거실이 되었습니다. 더 이상의 요란한 소품들이 필요하지 않는 공간입니다.
- 거실 창에 블라인드를 설치해 따뜻함이 은은하게 전해지도록 했습니다. 공간을 구성할 때는 빛의 세기도 눈여겨보아야 합니다. 리노베이션할 때 유심히 살펴야 할 아주 중요한 부분입니다. 집의 공간별 채광에 따라 조명 디자인과 컬러, 사이즈를 조절하여 필요 없는 조명은 없애고 꼭 필요한 조명만 배치하면 실속 있고, 알찬 집을 만들 수 있습니다.
- 붉은색 아트월과 새시의 진한 메이플 톤 우드 컬러는 숨이 막힐 정도로 거실을 답답하게 합니다. 그래서 집안 내부의 우드 컬러란 우드 컬러는 화이트 랩핑 작업을 했습니다. 한두 군데 정도 포인트로 남겨 둘까도 생각해 봤지만, 집의 디자인 콘셉트를 생각해서 전체 랩핑을 했습니다.

Bedroom

- 화이트와 퍼플 컬러의 이중 커튼이 방의 분위기를 한층 더 고급스럽게 만듭니다.
- 호텔 베딩 세트와 베드러너를 디자인 콘셉트에 맞게 별도 주문 제작하였습니다. 베딩 세트의 포인트 쿠션은 두 가지 패턴으로 제작하여 계절이나 베딩 세트 교체에 맞춰 사용할 수 있도록 했습니다. 포인트 쿠션 하나로도 따뜻함과 시원함이 느껴집니다. 가을, 겨울용 포인트 쿠션(좌)과 봄, 여름용 쿠션(우).

/ 상식을 깨는 파격적인 가구 배치로 생활의 공간을 만들다 /

- 방 전체 베이스는 그레이 컬러로 잡았습니다. 다만 침대 헤드 방향만 코발트블루 컬러로 페인팅하여 지적인 느낌이 날 수 있도록 했습니다. 내추럴한 우드프레임의 침대로 부티끄호텔 느낌을 살렸습니다. 컬러 페인팅만으로도 방의 분위기를 충분히 바꿀 수 있습니다. 방의 디자인을 바꾸고 싶을 때 페인팅을 생각해 보세요. 살짝만 바꿔주어도 원하는 콘셉트의 디자인을 얻을 수 있습니다.

공간의 재해석

"어, 침실에 세면대가?" 신부는 안방에 있는 화장실을 혼자만의 공간으로 만들고 싶어했습니다. 마침 이 집에는 파우더룸이 없었기 때문에 안방 화장실을 여성 전용 파우더룸으로 재구성했습니다. 대신 화장실 안에 있던 세면대를 침실 쪽으로 뺐습니다. 파란색 서랍장 위에 스티로폼 딸기 상자처럼 보이는 저것이 바로 미니 세면대입니다. 침실에 세면대가 있으면 굉장히 유용하게 활용됩니다. 작은 세면대를 만들고, 그 위로 예쁜 거울을 액자 타입으로 레일에 걸어 오브제 느낌의 장식 기능을 함께 하도록 했습니다. 세면대이면서도 가구의 역할까지 충분히 하는 공간입니다. 양치와 면도 정도는 충분히 할 수 있습니다. 세면대의 하부는 캐비닛 디자인으로 맞춤 제작해 도장 마감한 제품입니다. 수건과 욕실 용품을 수납할 수 있습니다.

- 이 집의 안주인만을 위해 탄생한 파우더룸을 볼까요? 화장실 벽 사이즈에 맞게 무늬목 화장대를 맞춤 제작했습니다. 세면대 캐비닛과 같은 계열의 파란색 프레임으로 거울도 만들었습니다. 변기 덮개 패브릭은 화이트 퍼, 바닥은 보라색 퍼로 미끄럼 방지 처리까지 했습니다. 제가 처음 생각했던 것보다 훨씬 실용적이면서도 예쁜 공간으로 바뀌어 신부는 물론 디자인팀 식구들까지 매우 좋아했던 공간으로 기억합니다. 혼자만의 공간이 있다는 것은 참 멋진 일입니다.

Kitchen

- 식탁 공간을 구성하기에는 주방의 동선이 좁아져서 답답할 것 같았습니다. 그래서 궁리한 끝에 부부 둘이서만 쓸 때에는 벽면으로 붙여서 사용하고 여러 명이 식사할 때에는 중앙에 두고 이용할 수 있도록 대형 테이블과 벤치를 두었습니다.
- 벽에 있던 분전함은 데이비드 베일리의 그림을 걸어 가려주었습니다. 덕분에 식탁 앞에 부부만의 갤러리가 생겼습니다.

- 식탁 우측으로는 그릇을 넣을 수 있는 수납장을 만들어 놓았습니다. 브론즈 경 도어를 설치해 내부가 은은하게 보이는 장의 상부에는 데코레이션이 가능한 예쁜 그릇들을, 화이트 주방가전과 같은 재질의 도어를 설치한 하부에는 말 그대로 수납을 위한 공간입니다.
- 유리 소재의 식탁 조명은 두 개의 같은 형태의 제품으로 설치하여 심심하지도, 복잡하지도 않은 깔끔한 주방임을 강조했습니다.
- 싱크대 하부장은 전자레인지와 전기밥솥을 빌트인할 수 있도록 별도 제작했습니다. 주방 제품들을 최대한 가려줌으로써 심플하면서도 깔끔한 주방이 되었을 뿐 아니라 조리의 공간도 충분히 확보했습니다.
- 싱크대 상판은 두꺼운 스테인리스로 주문 제작하여, 주방의 무게감과 포스를 함께 느낄 수 있도록 했습니다. 최근 환경 호르몬 때문에 주방 식기나 조리 기구들을 도기나 스테인리스로 바꾸고 있는 추세입니다. 스테인리스 상판은 위생적이면서도 열에 강해 뜨거운 냄비를 그냥 올려 두어도 괜찮습니다. 위생과 아름다움을 동시에 갖춘 주방입니다.

- 콘솔자리에는 액자 레일을 사용해 그림을 내려 주었습니다. 벽에 못을 박지 않고서도 튼튼하게 걸리고, 갤러리 느낌도 줄 수 있어 젊은 층이나 디자인 업체에서 많이 사용하는 아이디어입니다. 가격도 저렴해 DIY 유저들도 선호합니다.
- 심심한 콘솔자리가 액자 하나만으로 새로운 공간이 될 수 있습니다. 집집마다 있는 콘솔자리는 집 주인의 활용도에 따라 달라집니다. 대체로 신혼집의 콘솔 자리는 웨딩 사진이 차지하고 있습니다. 이유는? 걸어둘 곳이 마땅치 않기 때문이지요.
- 어떤 공간이나 마찬가지이지만, 콘솔 자리를 활용하기 위해서는 공간의 쓰임새를 잘 생각해야 합니다. 수납을 할 것인가 장식을 할 것인가를 우선 정하고 우리 집만의 개성을 살린다면 예쁜 집 꾸미기의 50%는 성공했다고 볼 수 있습니다.

Bathroom

- 벽과 바닥의 매트한 타일은 사이즈만 달리한 동일 컬러입니다. 통일감과 안정감을 줄 수 있게 하였고, 차분한 분위기도 살릴 수 있었습니다.
- 슬라이딩 형식의 수납장은 양쪽 도어 모두 거울로 된 제품입니다. 열고 닫음에 공간 제약이 없고, 천장 매립형 조명은 물이 튈 염려가 없습니다.
- 샤워 공간은 물때가 끼는 파티션 설치를 하지 않고, 넓은 개방형 욕실로 만들어 시원하게 탁 트인 느낌을 주었습니다.

생활공간 아이디어 9

간단한 조명으로 집안 분위기 바꾸기

1_ 주방 조명에 포인트를 어두운 곳을 환하게 밝혀주는 데다 예쁘고 깔끔하기까지 하다면 음식을 더 맛있게 먹을 수 있지 않을까요?

카페에 주로 설치되던 레일 조명이 요즘 가정에서도 크게 환영받고 있습니다. 레일 조명의 장점은 사이즈를 길게 하면 할수록 원하는 양만큼 볼 전구를 설치할 수 있다는 점입니다. 컬러도 백색(주광색)과 주황색(전구색) 두 가지를 골라서 쓸 수 있습니다. 집이 어둡고 침침하다면 백색을, 분위기 있고, 따뜻한 느낌을 만들고 싶다면 주황색을 사용하세요.

2_ 방 조명은 가볍게 보통 방의 조명은 등갓에 코팅 처리가 되어 있어 환하지 않고 뿌옇게 보이는 제품입니다. 시력에 좋지 않을뿐더러 집 전체의 분위기를 침침하게 만드는 역할을 하지요. 조명을 교체해야 할 때는 아래와 같은 조건을 고려해 보세요.

첫째, 방 등은 무겁지 않아야 하고 둘째, 방의 용도와 크기에 알맞은 조명을 설치해야 하며 셋째, 멋보다는 조명의 주 역할인 밝기에 신경을 써야 합니다.

3_ **욕실 조명은 따뜻하게** 욕실 조명은 물을 사용하는 곳이기 때문에 안전을 최우선에 두어야 합니다. 백색보다 주황색을 사용하면 따뜻한 느낌의 욕실을 만들 수 있습니다.

4_ **포인트 조명** 집안 분위기에 맞춰서 약간의 포인트 조명을 사용해 보세요. 포인트가 너무 많으면 어수선하고 정신없을 수 있다는 점 감안하여 너무 많은 포인트는 피하세요. 평범했던 우리집이 새로운 느낌의 집으로 짜잔하고 변신할 수 있습니다.

LITTLE
HOUSE
RENOVATION

**벽지와 가구 교체만으로
고풍스러운 감성을 완성하다**

주거 형태_ 105m²(31평형) 아파트　**시공 기간_** 28일
총비용_ 2800만원(도배, 부분 조명, 부분 주방가구 및 홈스타일링)

HOME STYLING

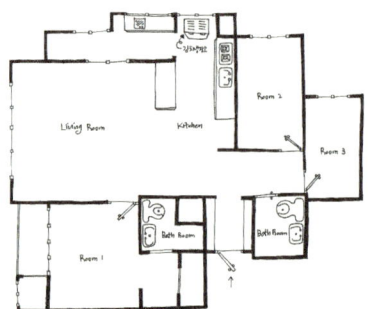

벽지 교체만으로 통통 튀는 그러나 감성적인 집으로 변신한 아파트

HOME STYLING
RENOVATION

Meeting

　대형 기획사에서 근무하는 쿨한 스타일의 멋쟁이 신랑, 신부의 집입니다. 결혼 1년차 부부라기보다는 연인이라는 표현이 더 잘 어울리는 샤방샤방한 커플을 현장에서 만났습니다. 클라이언트 부부와 부모님께서 현장에 함께 계셨습니다. 신랑의 아버님은 건설업에 종사하는 분이었습니다.
　아버님은 사전 점검 때 오지 못했다면서 집의 하자 부분을 꼼꼼히 체크하고 계셨습니다. 이미 포스트잇에 메모까지 해서 집안 곳곳에 붙여 놓은 상태.
　예비부부가 아버님께 이미 생활공간디자인에서 하자를 체크했다고 말씀드리자 요즘 디자이너는 그런 것도 하냐며 놀라셨습니다.
　프로젝트를 진행하는 동안 집의 주인은 잠시 바뀝니다. 클라이언트 집은 바로 내 집이 됩니다. 내 집에 문제가 있다면 빨리 손봐야 하지 않겠습니까?
　"신축 아파트라 뭔가를 크게 고치지는 않아도 될 것 같은데, 집이 너무 나이 들어 보이고 조명도 이상해요. 벽지 색깔은 왜 이리 촌스러울까요?"
　입주할 아파트에 대한 신부의 불만이 하나둘씩 터져 나옵니다.
　"신축 아파트의 촌스러움을 벗겨 주세요."
　"북유럽풍의 인테리어였으면 좋겠어요."

"침대와 화장대 세트는 구입한 지 일 년밖에 안 되었어요. 다시 사용하고 싶은데…."

거실에 들어서 보니 두 면이 창문으로 구성된 확장형 아파트로, 전면 발코니는 없고, 주방에서도, 거실에서도 연결되는 보일러실의 창이 있었습니다. 이 부분 때문에 "소파 놓을 공간이 없다."고 한 듯했습니다.

집안 전체를 베이지색으로 도배를 했기 때문인지 신부 말대로 조금은 지루하고 올드한 느낌입니다. 게다가 조명도 3년 전, 즉 아파트를 신축하던 당시 유행하던 디자인입니다. 어떤 색이라고 말하기 애매한 컬러의 방문과 몰딩. 새 아파트라도 당연히 올드해 보일 수밖에 없습니다.

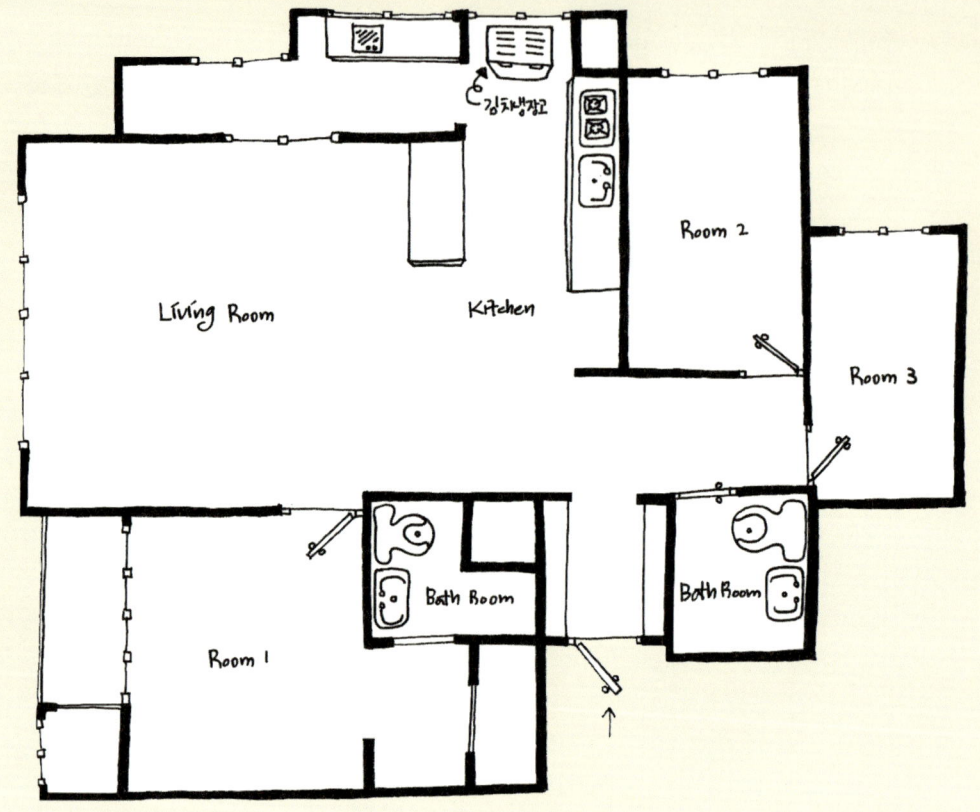

공간의 문제점 & 개선사항

Before
- 신축 아파트이기 때문에 구조적으로 특별한 문제점은 없었습니다.
- 다만, 마감재가 전체적으로 어두운 베이지색으로 통일되어 있어 어딘지 모르게 어둡고 나이 들어 보여 젊은 신혼부부의 취향에는 맞지 않습니다.
- 매번 느끼지만 신축 아파트 전체를 뜯어 고치는 것은 매우 소모적인 일입니다. 새 아파트를 큰 비용을 들여 부수고, 새로이 뭔가를 만들기보다는 약간의 구조적인 문제만 바꿔 주고, 가지고 있거나 구매해야 하는 가구들을 활용한 홈드레싱으로 얼마든지 집의 표정을 바꿀 수 있기 때문입니다.

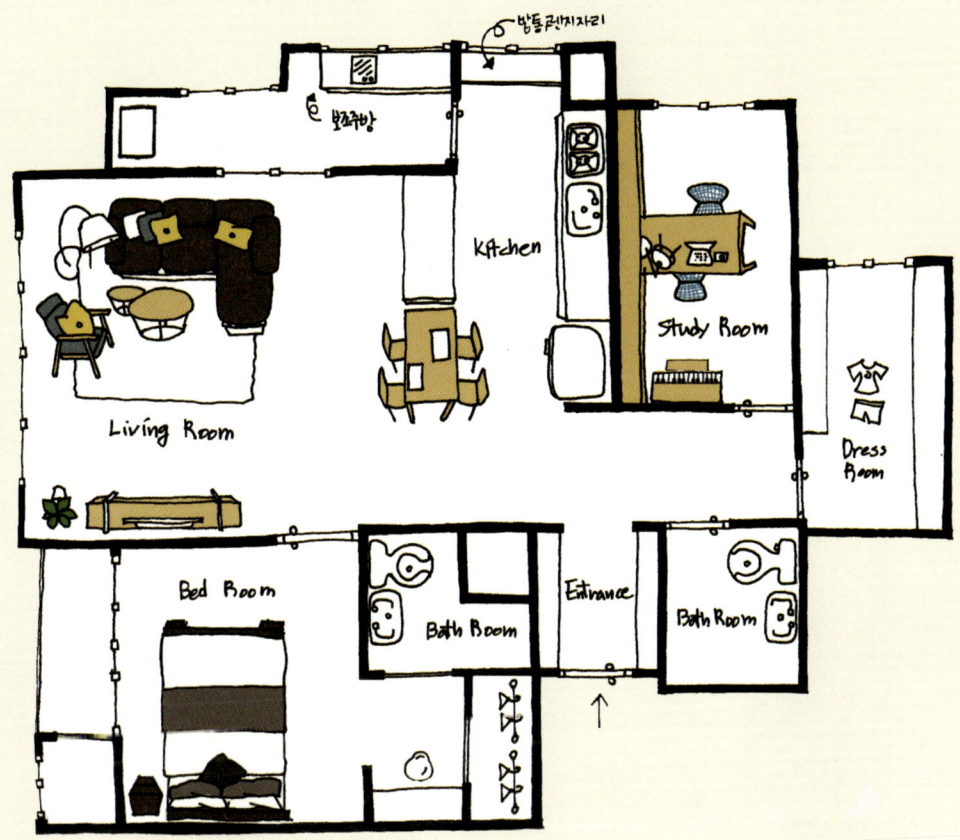

After

[Bedroom] 원래 가지고 있던 침대를 사용하고, 협탁은 친환경 페인트로 도장해 주었습니다.

[Living Room] 기존 식탁과 TV장은 그대로 사용하고, 소파와 테이블만 구매했습니다.

[Study Room] 서재의 전면 책장과 대형 테이블은 맞춤 제작했습니다.

[Bathroom] 욕실의 좌변기와 수도 배관의 위치를 변경하여 사용하기 편하도록 했습니다.

[Dress Room] 시스템 행거를 새롭게 설치했습니다.

After _ Entrance

Entrance

이 집에 들어서면 바로 보이는 첫 모습입니다. 이 집에 대한 첫 인상을 위해 유니크한 액자를 걸어 주었습니다. 화이트 베이스 덕분에 갤러리에 들어선 듯한 느낌을 받을 수 있습니다. 베이지 컬러도 차분하고 모던한 느낌이 있어 거실 벽지 교체를 하지 않았습니다.

그림 액자는 인테리어 소품으로 매우 훌륭한 아이템입니다. 감추고 싶은 곳이나 밋밋하고 허전한 공간을 채우는 데 그림 액자만큼 좋은 것이 없습니다. 웨딩 사진도 좋지만 계절에 따라 풍경 그림이나 유명 작가의 작품을 걸어두면 집안의 분위기가 한결 살아나고 고급스러워집니다.

After _ Living Room

Living Room

Before
- 거실 창의 많은 라인 때문에 한강 전경과 햇살을 온전히 느낄 수 없는 게 안타까웠습니다.
- 베이지 색상은 자칫하면 올드해 보일 수 있습니다.
- 거실과 주방의 조명이 밋밋합니다.

After
- 천장과 바닥은 원래의 것을 그대로 살렸습니다. 조명을 세련된 디자인으로 교체하고, 디자인 가구, 액자, 패브릭을 조화롭게 배치하여 거실의 분위기를 한층 젊어 보이게 했습니다.
- 한강이 내려다보이는 햇살 좋은 집이라 화이트 컬러의 패브릭 블라인드로 스며들어 오는 빛이 은은하고 화사합니다. 자연 채광을 활용해서 집이 좀 더 밝은 이미지로 연출되도록 했습니다. 블라인드는 빛을 차단하는 기능뿐 아니라 빛을 활용한 감각적인 공간을 만드는데도 한몫하는 소품입니다.

- 주방에서 본 거실과 침실입니다. 식탁과 TV장은 기존에 사용하던 가구를 그대로 가지고 왔습니다. 아트월도 베이지색이고 입주 당시 기본 옵션이었던 TV장도 베이지색이라 지루해 보입니다. 내추럴한 우드 소재의 TV장과 북유럽의 유명한 디자이너 체어를 이미지화한 액자를 세우고 떡갈나무 화분까지 두니, 생동감 있고, 캐주얼한 아트월이 되었습니다.
- 특별 제작한 그레이블루 컬러의 암체어와 겨자색의 쿠션은 거실의 은은한 포인트! 차분한 느낌의 가구와 패브릭, 내추럴 우드가 주는 따뜻함까지 더하니 온기가 저절로 느껴집니다.

/ 벽지와 가구 교체만으로 고풍스러운 감성을 완성하다 /

아이보리 계열의 러그와 율동감 있는 화이트 컬러의 대형 스텐드는 거실의 차가움을 없애고 입체감을 살리며 단순하지 않은 재미있고도 풍부한 표정을 입혀 줍니다.

After _ Bedroom

Bedroom

Before

- 집을 스타일링할 때 가장 큰 고민은 어떻게 하면 기존에 쓰던 가구를 새로운 콘셉트에 맞게 조화롭게 배치하는가 하는 점입니다. 프로방스 느낌이 강한 기존 침대를 북유럽풍 스타일이 좋다는 클라이언트의 요구에 맞추기 위해 버릴 수는 없기 때문입니다. 어떻게 해야 할지 고심 고심하다가 퍼뜩 떠오른 아이디어입니다.
- 어마어마한 침대는 결혼할 때 침대와 협탁, 화장대 겸 서랍장까지 세트로 구매하여 사용하던 제품입니다. 기획했던 디자인 콘셉트와 맞지 않는 것도 문제였지만, 1년도 채 사용하지 않은 새 제품을 버리고, 스타일에 따라 새로 구매하는 건 너무 낭비인 것 같아 리폼하기로 결정했습니다. 하지만 어마어마한 사이즈의 화장대 겸용 서랍장은 도저히 사용할 수 없어 인터넷 중고시장으로 과감히 보냈습니다. 물론 신부님이 내린 결정입니다. 신부는 "잘 팔리네요. 또 팔 거 있을까요?" 하며 활짝 웃습니다.
- 원래 침대는 아이보리 색상의 패널 베드로 프로방스 느낌이 매우 강했습니다. 그래서 침대 전체를 친환경 페인트 블랙 컬러 계열로 도장했습니다. 그리고 경쾌한 패턴의 벽지로 침대 헤드 쪽의 벽면에 포인트를 주었습니다.

/ 벽지와 가구 교체만으로 고풍스러운 감성을 완성하다 /

After
- 블랙 컬러의 침대가 톡톡 튀는 색감의 벽지의 가벼움을 눌러 주고, 감성적인 액자로 포인트를 준 침실은 신혼부부가 가장 좋아하는 공간이 되었습니다.
- 침대 우측에 위치한 포인트 시계는 벽지와 어울리는 컬러로 선택하여 자칫 밋밋해 보일 수 있는 공간에 활력을 불어 넣었습니다.
- 블랙으로 도장하여 새 옷을 입은 침대는 화이트 호텔 베딩으로 모던하면서도 세련된 침실이 되었습니다.
- 침대 헤드 위쪽이 아닌 헤드의 한쪽 옆으로 감성적인 풍경의 모노톤 액자를 하나 걸고 나니, 톡톡 튀던 침실에서 감성적인 분위기도 배어나옵니다. 어떤 액자와 어떤 오브제를 어디에 두는가에 따라 공간의 분위기는 다양한 연출이 가능합니다.

- 사이드 테이블의 스탠드는 블랙 침대의 은은한 멋을 더해 줍니다.
- 집의 디자인 변경을 계획 중이라면 먼저 액자를 바꿔 보세요. 액자 하나로 공간이 많이 달라진다는 것을 느낄 수 있습니다. 액자 프레임의 디자인과 컬러, 크기, 액자 속에 그림 등에 따라 새로운 느낌의 디자인이 연출되기 때문에 여러 방면으로 다양하게 시도해 보는 것이 좋습니다.
- 호텔 침구 세트는 면 소재로 제작했고, 커튼과 베드러너, 베개, 쿠션은 린넨 소재로 만들었습니다.

/ 벽지와 가구 교체만으로 고풍스러운 감성을 완성하다 /

After _ Study Room

Study Room

- 그레이 컬러의 벽지와 매트한 질감의 스카이블루 블라인드로 베이스 색감을 잡은 서재는 가볍지도, 무겁지도 않은 분위기를 연출했습니다.
- 확장형 아파트의 특징인 방이 길게 나온 구조로 서재 책장을 짜 넣기에는 안성맞춤 공간입니다. 신랑, 신부 두 분 모두 노트북을 사용하기 때문에 서재 사이즈에 맞추어 한쪽만 다리가 있는 디자인 책장을 제작하고, 다리가 없는 방향의 책상 다리 역할은, 철제 서랍장을 두어 다리와 수납 두 가지 기능을 할 수 있도록 했습니다. 책장과 책장 사이에 대형 책상을 두어 대면형 구조로 레이아웃을 잡아 부부가 대화하며 업무를 볼 수도 있습니다.
- 서재의 우측 책장은 책의 사이즈를 고려해 선반의 높낮이를 다양하게 제작했습니다. 책장 제작 시 책장의 상부에는 뒤판을 대지 않았습니다. 뻥 뚫린 책장 사이로 벽지가 노출되도록 제작하면, 책장이 꽉 차 보이는 답답한 느낌을 줄여 주는 효과가 있습니다.

• 블라인드와 같은 계열의 컬러풀한 철재 의자는 서재를 좀 더 밝고 캐주얼하게 만들어 줍니다. 엉덩이가 아프지 않도록 의자에 맞는 방석도 만들었습니다. 계절과 기호에 맞는 방석 패턴을 사용하면 의자에 새로운 디자인을 입힐 수 있습니다.

- 데스크 뒤편에는 신부의 애장품인 오래된 피아노를 배치해 방의 분위기를 편안하게 만들었습니다.
- 아기자기한 느낌이 나면서 동시에 차분함을 느낄 수 있는 부부의 서재가 완성되었습니다.

Dress Room

- 드레스룸 크기에 맞는 시스템 행거를 제작했습니다.
- 1800mm 짜리 전신거울은 침대와 세트 느낌이 날 수 있도록 블랙으로 도장했습니다.
- 벽체의 톤다운된 은은한 블루 계열의 벽지는 메이플 컬러의 수납장과 편안한 조화를 이루도록 했습니다.
- 드레스룸의 대형 창에는 암막 롤스크린을 설치하여 외부의 빛으로부터 옷감이 상하지 않도록 했습니다.

/ 벽지와 가구 교체만으로 고풍스러운 감성을 완성하다 /

생활공간 아이디어 10
―

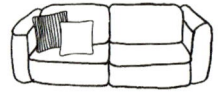

침실 활용도에 따른 공간 만들기

'안방은 침실'이라는 틀을 한번 깨볼까요? 안방(큰방)을 침실이 아니면 어떠한 용도로 바꿀 수 있는지 알아보도록 하겠습니다.

1_ **안방이 꼭 침실이어야 한다는 편견을 깨자!** 24평을 기준으로 봤을 경우 방 3개, 거실, 주방, 화장실의 구조이며, 그중 가장 넓은 공간은 거실과 안방입니다. 이때 거실에는 소파와 TV가 차지하고 있고 안방은 침실로, 작은방1, 2는 각각 서재 겸 컴퓨터 방 또는 드레스룸으로 사용하는 게 일반적입니다. 하지만 취미 생활 및 업무 등으로 큰방이 필요하다면 틀에 박힌 생각에서 벗어나 과감한 시도를 해 보는 것도 나쁘지 않다고 봅니다.
취미가 영화 감상이라면 나만의 미니극장으로, 옷이 많고 드레스룸이 넓길 원한다면 나만의 드레스룸으로, 서재에 책이 많다면 넓은 도서관으로….

2_ **작은방 침실로 꾸미기** 작은방을 침실로 사용한다면 은은한 스탠드 조명과 패브릭 장식을 적극 활용해 보세요. 아늑하고 포근한 느낌을 줄 수 있답니다. 작은방은 침대 하나만으로도 충분하며, 휴대폰이나 커피잔 등 작은 소품을 올려놓을 수 있는 선반과 책 읽는 데 도움을 줄 스탠드 정도만 두는 게 좋습니다. 오로지 휴식과 취침을 위한 곳이죠.

3_ 나만의 이미지보드 만들기 예쁜 침실을 꾸미기 위한 나만의 이미지보드 만들기 노하우! 우선 본인이 좋아하는 분위기를 결정한 후 그에 맞는 가구와 패브릭, 소품을 선택해 주세요. 무작정 쇼핑하기보다는 본인만의 이미지보드를 만든 후 결정하면 알뜰하면서도 맘에 쏙 드는 침실로의 변신이 가능합니다.

- 침실 디자인으로만 한정 짓지 마시고, 잡지 및 인터넷 홈페이지의 여러 가지 정보들 중에서 마음에 드는 사진이나 이미지를 모으세요.
- 찜한 사진들을 큰 보드판에 색감별, 장르별로 나누어 붙이세요.
- 충분한 시간을 갖고 같은 이미지들을 여러 번 보세요. 이때 쉽게 질리는 이미지, 마음에 드는 이미지가 자연스럽게 정리됩니다. 시간이 지나면 자신이 좋아하는 스타일의 사진들만 남게 되겠죠? 마지막까지 살아남은 이미지만 추려서 보드판에 다시 정리합니다.
- 이미지가 전체적으로 잘 어우러진다면 침실 꾸미기 반은 성공. 이제 나만의 침실로 만들 도면을 다 그린 상태라고 생각하면 됩니다.
- 자, 그럼 경건한 마음으로 왕성한 쇼핑 시작!

LITTLE
HOUSE
RENOVATION

거실이 똑똑한 서재로 바뀐 날

주거 형태_ 113m²(34평형) 아파트　**시공 기간_** 30일
총비용_ 4300만원(주방, 욕실, 바닥, 전기, 조명, 목공, 타일, 페인트, 도배, 확장 외 전체 공사+홈스타일링)

SMART LIVING ROOM

평범했던 거실을 서재형 거실로 바꾸고, 맞벌이 부부와
등교에 바쁜 아이들을 위해 실용성에 포인트를 준 주방

SMART LIVING ROOM
RENOVATION

Meeting

　어느 토요일 오전 홈페이지를 통해 인연을 맺은 클라이언트와 미팅을 가졌습니다. 수원에서 출발하신 두 분이 저보다도 빨리 사무실에 도착하는 바람에 너무 당혹스럽고, 죄송했던 기억이 납니다. 저와 만나기 전 두 분은 집 근처 인테리어 가게에 들러 대강의 공사 일정과 비용을 알아보고, 인테리어 일정을 일주일로 잡고 오셨습니다. 일주일이라! 일주일 만에 집 전체 리노베이션을? 부실공사를 부르는 일정입니다. 얼마만큼 빠르게 공사를 마치느냐보다 얼마나 꼼꼼하게 시공하는가가 실패 없는 인테리어의 지름길입니다. 단순히 물건을 사는 거라면 반품이나 교환이 쉽지만, 인테리어는 다릅니다. 일정을 너무 촉박하게 잡고 시공을 하게 되면 하자가 생기기 쉽고, 그로 인한 보수공사로 경제적, 정신적 스트레스가 이만저만이 아닙니다.

　결국 한 달 안에 인테리어를 끝내는 것으로 하고, 짐을 이삿짐 센터에 맡겼습니다.

　일을 하다 보니 남녀 성별에 따라 공간의 관심도가 나뉘는 것을 알게 되었습니다. 남성은 대체로 거실 위주, 여성은 주방 위주로 리노베이션을 계획합니다. 주로 생활하는 공간에 더 애착이 가야 한다고 할까요?

　이번 클라이언트는 소파에 누워 TV를 시청하는 게 취미인 용감한 남성 분입니다. 부러우

면 지는 건데… 제가 졌습니다.

하지만 리노베이션 이후에는 누워서 TV를 보는 게 어렵지 않을까 싶습니다. 거실의 콘셉트가 바로 서재이기 때문입니다. 언제든지 가족들이 다함께 모일 수 있고, 아이들에겐 면학 분위기가 조성되도록 변모될 예정이니까요.

주부 10년차에 접어든 아이들의 엄마는 주방도 주방이지만, 역시 수납의 부재를 불편함의 1순위로 꼽습니다. 주방의 수납 공간 및 아이들의 책과 놀이용품, 여행용 트렁크 등의 수납이 절실하다고 합니다.

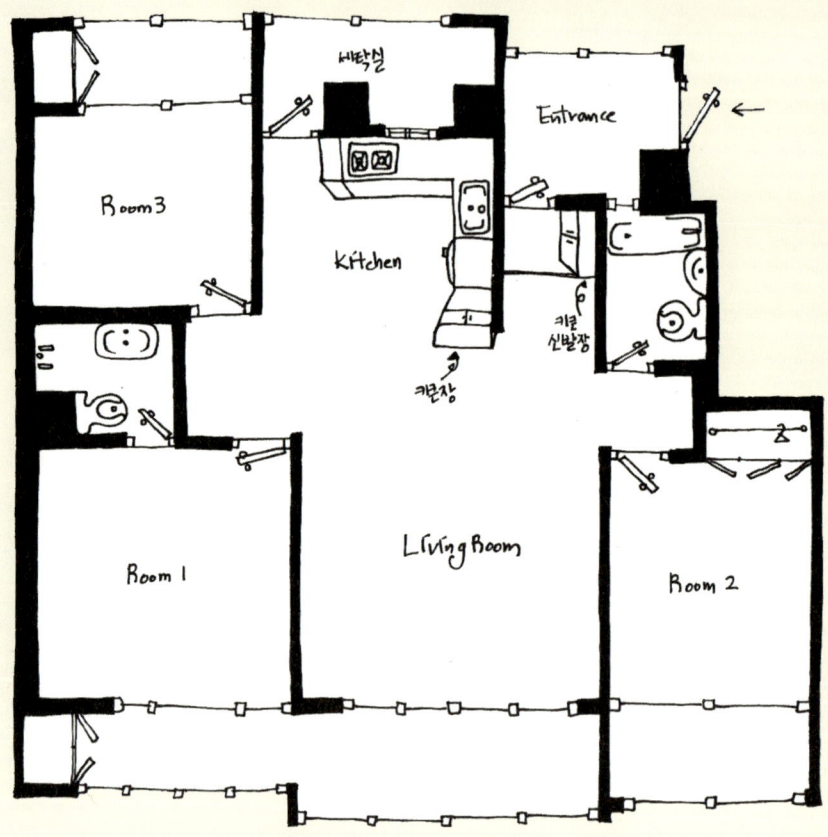

공간의 문제점 & 개선사항

Before
- 냉장고 놓을 자리만 있는 싱크대. 애매한 위치에 가스레인지와 싱크볼이 위치해 있어 준비대의 공간이 부족하여 비효율적이며, 김치냉장고를 둘 곳 또한 마땅치 않아 디자인을 전체적으로 변경하기로 했습니다.
- 거실은 특별한 문제점은 없었으나, 서재형 거실을 위해 확장하기로 합니다.
- 전실을 내부 공간으로 유입시켜, 수납장을 제작하고 현관으로 사용하도록 합니다.
- 세탁실에 보조 싱크대를 설치하여 손빨래 및 보조 주방의 기능이 가능하도록 합니다.
- 큰 아이방(Room2)을 확장하여 좀 더 넓게 사용할 수 있도록 합니다.

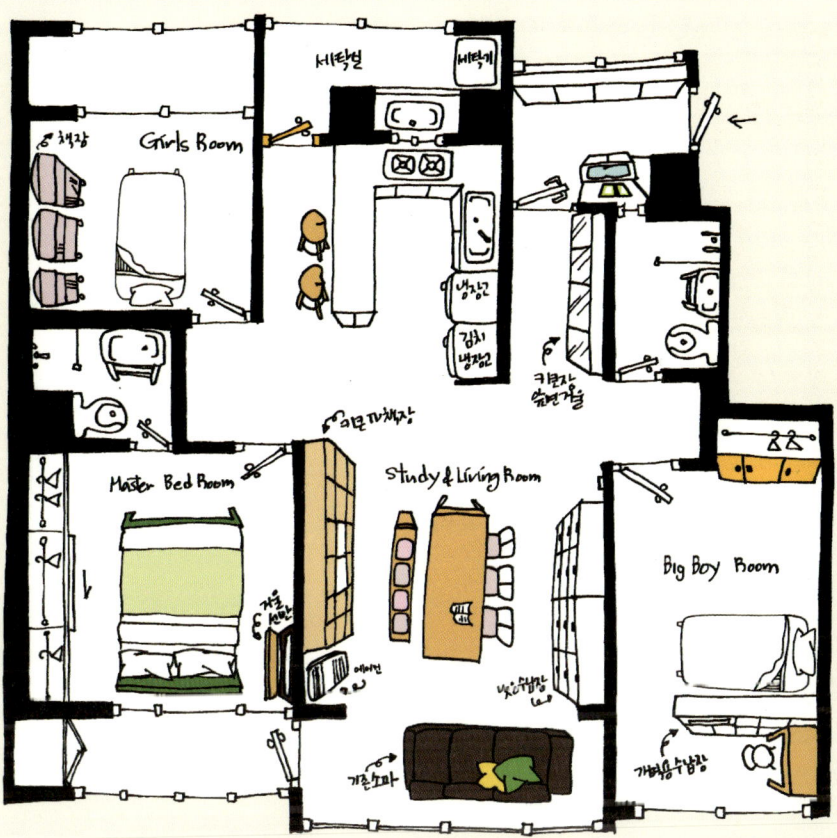

After

[Kitchen & Dining] 가스레인지 자리를 옮겨주고 아일랜드가 있는 ㄷ자형 싱크대를 설치해 냉장고와 김치냉장고 수납장까지 만들었습니다.

[Living Room] 확장한 공간에 소파를 두고, TV를 숨길 수 있는 미닫이형 책장을 전면에 배치했습니다. 책장 반대편에는 낮은 서랍장과 책장, 선반을 설치해 답답하지 않도록 했습니다.

[Bedroom] 슬라이딩장을 설치하여 수납을 해결하고, 선반형 화장대를 만들었습니다.

[Kids Room] 초등학교를 다니는 큰 아이방은 가벽용 수납가구를 제작하여 공부하는 공간과 자는 공간을 분리했습니다.

[Entrance] 전실을 내부로 유입시켰습니다. 낮은 신발장을 두고, 기존 신발장 자리에는 답답함을 해소하고자 거울도어 수납장을 설치했습니다.

After _ Kitchen & Dining Room

Kitchen & Dining Room

Before
- 가스레인지와 싱크볼 자리가 애매하기 때문에 준비대가 좁고 부족합니다.
- 냉장고 자리만 있을 뿐 김치냉장고를 둘 공간이 없습니다.
- 가스레인지 자리를 옮겨주고, 아일랜드가 있는 ㄷ자형 싱크대를 설치하여 준비대를 겸할 수 있게 했습니다. 엄마가 음식을 준비하는 동안 아이들이 앉아서 도란도란 이야기할 수 있도록 무릎이 들어갈 수 있는 아일랜드 식탁을 설치했습니다.

After
- 이번 집의 경우 서재형 거실이라 거실에 대형 식탁 겸용 책상을 두기 때문에 따로 식탁을 두지 않을 예정이었지만, 맞벌이를 하는 클라이언트의 아침 풍경을 상상하며 출근시간과 등교시간이 각각 다른 가족들이 아침을 후다닥 준비해서 간단히 먹고 갈 수 있도록 아일랜드 식탁을 만들었습니다. 낮에는 노란 도어쪽 창으로 보이는 창밖 풍경과 바람을 느낄 수 있는 공간입니다.
- 상태가 좋은 주방의 터닝도어는 리폼을 했습니다. 노란 연두빛으로 컬러링하고, 망입 유리를 넣었습니다. 손잡이는 단종된 모델이라서 교체하지 않는 대신 도색해서 다시 달았더니 새것같이 변했습니다. 커피 한잔 마시면서 책을 보면 좋을 듯한 공간입니다.

After _ Living Room

Living Room

- 가볍지 않고 차분한 효과를 주도록 바닥재는 티크로 선택하고, 대형 테이블은 원목 우드로 제작했습니다. 낮은 수납장은 화이트 도장 가구로 제작하여 공간감을 줄여 주도록 했습니다.
- 아이들의 물품 수납을 위해 8단 서랍장과 수납장을 낮게 제작하고, 무지주 선반을 함께 설치했습니다.
- 북엔드를 활용해 수납장과 서랍장 위쪽으로 책을 수납하면 많은 양의 책을 수납할 수 있습니다.
- 무지주 선반에는 아이들의 작품이나 소품을 올려두어 가족들 간의 추억을 수납할 수 있습니다.
- 서재형 거실을 만든다고 해서 양쪽 벽면을 모두 책장으로 채우게 되면 공간이 답답할 수 있기 때문에 낮은 장이나 선반으로 수납을 해결하는 것이 좋습니다.
- 아이들 이름을 딴 알파벳 이니셜을 구입해서 선물로 드렸습니다. 알파벳 이니셜은 어디든지 잘 어울리는 데코 소품입니다.

서재형 거실을 위해 TV를 가리자

최근 TV 없는 거실을 많이 시도하는 추세입니다만, 정작 TV를 치우자니 아쉽습니다. 그럴 땐 TV를 가릴 수 있는 책장을 설치해 보는 것도 좋은 방법입니다. TV를 볼 때만 꺼내는 거죠. 책을 가까이 두어서 초등학교 고학년이 되어가는 큰아이와 작은 아이를 위해 자연스럽게 공부할 수 있는 분위기를 생각해 봤습니다.

에어컨 자리를 비워두고, 벽 크기에 딱 맞게 책장을 제작했습니다. 책장 가운데에 미닫이문을 장착해 TV를 놓고, 거실 가운데에는 대형 테이블을 제작해 드렸습니다.

다른 일을 하면서 아이들의 공부를 봐줄 수 있는 서재 역할을 할 수 있음은 물론, 큰 테이블을 놓음으로 가족들이 자연스럽게 모이게 되어 대화의 장이 될 수 있습니다.

After _ Entrance

Entrance

- 전실에 공간이 많아 전실을 실내공간으로 유입시켜 주었습니다. 전실이 현관 입구가 된 것입니다. 전면창의 절반 높이로 신발장을 설치해 주어 이사하거나 창을 여는데 문제가 없도록 합니다.
- 중문은 온도 손실이 적고 소음에 강한 터닝도어로 설치했습니다. 화장실 창문 밑으로 작은 수납장을 설치하여 앉아서 신발을 신을 수 있도록 해주었습니다.
- 기존의 신발장이 있던 곳에 수납장을 설치해서 골프가방이나 여행용 트렁크 등을 수납할 수 있도록 했습니다. 수납장 도어를 전부 거울로 제작하여 답답함을 줄였습니다.

After _ Bedroom

Bedroom

- 강렬할 것만 같은 청록색 침대 프레임과 보랏빛 블라인드는 강렬하지 않고 편안하고 안정된 조화를 이룹니다.
- 처음 침대 디자인 시안이 나왔을 때는 자주 쓰는 보편적인 색이 아니라 클라이언트가 조금 걱정을 했지만 다행히 좋아하는 컬러인데다, 결과물도 좋아 매우 만족했습니다.
- 침실에는 슬라이딩 붙박이장과 침대와 화장대만 놓기로 했기 때문에 다른 요소로 데코레이션하기 쉽지 않았습니다. 이럴 때 적절한 색감을 사용하면 다른 장식적인 요소를 생략해도 괜찮습니다.

After _ Kids Room

Kids Room

- 초등학교 고학년이 되는 큰 아이를 위해 책장을 제작하고, 책상과 침대의 공간을 분리해 주었습니다.
- 수납장을 앞뒤 구분 없이 제작하면 위치와 구조를 변경할 수 있는 것은 물론 가벽으로도 활용 가능합니다.
- 아이방 조명은 도어 컬러와 색감을 맞추어 옐로우와 그레이 볼등을 선택했습니다.

- 아이방의 붙박이장은 오래되어 필름이 들고 일어나 미관상에도 매우 흉했습니다. 옐로우 컬러로 도어를 교체해 한층 밝은 분위기를 만들 수 있었습니다.
- 새 아파트나 오래된 아파트나 작은방의 붙박이장은 도어 교체만으로도 인테리어 효과를 볼 수 있기 때문에 시도해 볼 만한 요소입니다.
- 일하면서 늘 궁금한 것 하나! 왜 아파트에는 예쁜 도어가 없을까요?

- 작은 아이 방에서 6개월 정도 삼촌이 머무를 예정이었습니다. 삼촌이 오래 머무를 수 없도록 철저히 여섯 살 작은 아이 중심으로 꾸며 드렸습니다. 당분간 두 아이가 함께 방을 써야하기 때문에 침대 제작은 다음으로 미루어졌지만, 벽지는 예쁜 걸로 도배해 주었습니다.
- 커튼에 떼었다 붙였다 할 수 있는 망사로 만든 꽃을 제작해 드렸습니다. 망사 꽃만 없다면 다양한 연령대의 아이들이 무난하게 사용할 수 있는 디자인입니다. 아이방이라고 해서 캐릭터가 있는 패브릭일 필요는 없습니다. 망사꽃이나 볼, 인형 같은 소품을 달아 주면 그때그때 손쉽게 인테리어를 바꿀 수 있습니다. 아이들 장난감에도 이미 알록달록 캐릭터가 많으니까요.

생활공간
아이디어
11
—

우리집을 손쉽게 디자인하는 요령

계절이 바뀔 때마다 집을 새롭게 단장을 하고 싶습니다. 그에 대한 요령 몇 가지를 알려드리도록 하겠습니다.

1_ 먼저 계절 가전이나 소품을 제일 먼저 치워주세요. 선풍기나 온풍기, 대나무 바닥 등과 같은 계절 소품 말입니다. 내년을 위해서 깨끗하게 닦아서 보관하는 것 잊지 마세요. 침실에 있는 침구류 및 쿠션들도 세탁하여 보관해 주시고요. 집안 분위기를 계절에 맞추어 싹 바꾸고 싶을 때 가장 손쉬운 방법은, 원하는 디자인 및 컬러를 선정하여 새로운 가구 구매와 도배, 셀프 페인팅 등으로 집안의 분위기를 180도 바꾸는 것입니다.

2_ 가구들을 동선이 불편하지 않은 한도 내에서 위치를 바꿔 보세요. 집안 분위기가 확 달라집니다. 예를 들면 소파나 침실의 침대, 책장 등을 새로운 자리에 배치해 주세요. 평소 자주 움직이던 동선이 아니기 때문에 확 달라진 분위기를 느낄 수 있습니다. 이때 또 하나의 좋은 점은 대청소 시간을 따로 내지 않아도 된다는 것입니다. 새로운 공간 배치를 할 때마다 벽이나 바닥, 가구들을 쓸고 닦아야 하니 1석2조가 아닐까요?

3_ 착한 가격과 작은 노력으로 집안 분위기를 바꾸는 데는 쿠션 등과 같은 소품만한 좋은 아이템이 없습니다. 약간의 노력과 손재주만 있다면 패브릭 소품을 활용한 셀프 인테리어가 가능합니다. 단, 패브릭 컬러를 선정할 때에는 계절 색깔과 질감을 잘 생각해야 합니다.

은은하고 따뜻한 집을 원한다면, 따뜻함과 차분함을 동시에 지닌 브라운 계열과 화이트로, 멋스럽고 개성 있는 디자인을 원하신다면 코발트블루 계열의 컬러로 포인트를 잡으세요.

패브릭 구매는 어디서 하느냐는 질문을 자주 받습니다. 저는 저렴하면서 많은 상품을 비교할 수 있는 곳으로 동대문종합시장과 종로 광장시장을 추천해 드립니다. 수입 패브릭 제품은 강남 논현동쪽에 많습니다.

- 동대문종합시장 _ 서울특별시 종로구 종로6가 289-3 (02-2262-0114)
- 종로4가 광장시장 _ 서울특별시 종로구 예지동 6-1 (02-2267-0291)

제품과 숍 정보

암체어 & 갈색 3인 소파
코헨가구(www.thecohen.co.kr, 02-548-3057)
서울 성동구 성수동1가 685-696 갤러리아 포레 더몰 지하 2층

서재의자
두오모(www.duomokorea.com, 02-516-3022)
서울 강남구 논현동 33-17 태양빌딩 1층

거실 조명
와츠라이팅(www.wattslighting.com, 02-517-3082)
서울 강남구 논현동 101-14 삼성당빌딩 1층

7단 서랍장
생활공간디자인(www.livingspace.co.kr, 070-4319-6510)

사이드 테이블
포홈(www.forhome.co.kr, 032-351-3378)
가구, 패브릭, 조명 등 집을 꾸미기 위한 제품을 판매합니다.
작은 가구와 저렴한 가격대의 제품이 많아 신혼부부나
싱글들에게 인기가 높습니다.

화장대 의자
프랑프랑(www.francfranc.kr, 02-2211-0992)
일본 최대 인테리어 소품 숍으로 프랜차이즈 형태로 국내에 들어왔습니다.
오프라인에서만 구매 가능합니다.

화병
이케아(www.icompany.tv, 1661-2381)
이케아가 국내에 정식으로 들어오지 않았기 때문에 아시아컴퍼니가 아시아권 현지 IKEA 매장으로부터 제품을 직접 수입하여 판매하고 있습니다. 그래서 넓은 오프라인 매장이 별로 없습니다. 파주 헤이리에 있던 이케아 오프라인 매장은 일산 킨텍스로 이전했습니다.

페인트 조색 서비스
벤자민무어페인트(www.benjaminmoore.co.kr, 02-3486-1700)
온라인이나 오프라인에서 모두 주문 가능합니다. 원하는 색으로 조색이 가능한 친환경 페인트입니다. 방문을 리폼하거나 포인트 벽지를 하고 싶을 때 페인팅을 해 보세요. 초보자도 쉽게 페인팅할 수 있는 제품이 다양하게 판매되고 있습니다. 서울 강남구 논현동 128-5 승욱빌딩

테이블 조명
미소조명(02-2277-6160)
제가 즐겨 찾는 조명 가게입니다. 제품을 고른 후 원하는 색상으로 변경할 수 있습니다. 오프라인 숍에서만 구매할 수 있습니다.
서울 중구 을지로4가 20-1

벽시계
까사(www.casa.co.kr, 1544-7525)
잡지사 〈까사〉에서 직접 운영하는 쇼핑몰입니다.
집을 가꾸는 데 필요한 가구나 소품, 패브릭, 주방용품 등을 판매합니다.

다이닝테이블
코헨(COHEN, www.thecohen.co.kr, 02-548-3057)
티크 원목 가구 전문 브랜드입니다. 원목이 주는 따뜻함과 내추럴한 디자인을 원할 때 원목 가구를 활용하면 좋습니다.
서울 성동구 성수동1가 685-696 갤러리아포레더몰 지하 2층

침실 화장대 & 서재 책상
퍼니매스(www.furnimass.com, 02-2214-0481)
가구 전반에 대한 디자인과 주문 제작을 하는 전문 회사입니다. 독특하면서도 개성 있는 가구들이 많아 젊은 층이 좋아하는 곳입니다.
서울 강남구 논현동 126-5 성덕빌딩 지하 1층

수납시계
아이컴퍼니(이케아 www.icompany.tv, 1661-2381)

토이박스 책상
생활공간디자인(www.livingspace.co.kr, 070-4319-6510)
생활공간디자인은 인테리어와 홈스타일링 뿐 아니라 방의 용도와
디자인콘셉트에 맞게 가구를 주문 제작하기도 합니다.
아이디어가 돋보이는 맞춤가구로 한층 실용적인 공간이 탄생할 수 있습니다.

식탁 의자
멀티퍼니쳐(02-2272-1671)
오프라인 숍만 있습니다.
서울 중구 창경궁로 34

원숭이 조명
미소조명(02-2277-6060)
오프라인 숍만 있습니다. 오프라인 숍에는 꼭 필요할 때만 들르지 말고 시간날 때마다 혹은 근처
지나는 일이 있을 때 한번씩 가 보세요. 공간과 디자인에 대한 많은 영감을 얻을 수 있습니다.
서울 중구 을지로4가 20-1

캐비닛
메스티지데코(www.mastideco.co.kr, 1544-0366)
20대에서 40대 여성을 타깃으로 한 품격 있고 트렌디한 가구들이 많은 곳입니다.
각종 방송이나 드라마 등에 협찬을 많이 하는 곳인 만큼 젊고 감각 있는 디자인이 돋보입니다.
온라인은 물론 오프라인 매장도 있습니다. 서울 마포구 서교동 395-179 미르빌딩 1층 외 분당지점

데스크 조명
까사라이트(www.casalight.co.kr, 02-6071-6076) 라일락꽃을 형상화한 거실등이나 카페를
연상하게 하는 레일 조명, 아이들의 상상력을 키워주는 팬던트 조명까지 트렌디한 조명이 많은 곳입니다.
온라인 전용 숍이니 주인 눈치 볼 것 없이 마음껏 아이쇼핑을 할 수 있습니다. 마음에 드는 디자인이
없다면 자신이 가지고 있는 예쁜 패브릭 원단을 활용해 직접 조명을 만들어주기도 합니다.

식탁의자
퍼니매스(www.furnimass.com, 02-2214-0481)
가정용에서 사무실용까지 의자를 전문적으로 판매하는 숍입니다. 좁은 공간에 어울리는 작은 의자에서부터 아이디어가 돋보이는 프리미엄 의자가 다양하게 준비되어 있습니다.
서울 강남구 논현동 126-5 성덕빌딩 지하 1층

액자
텐바이텐(www.10x10.co.kr, 1644-6030)
문구에서부터 인테리어 리빙데코까지 수많은 소품들을 만날 수 있습니다.
작은 장식소품이나 생활소품 등을 구입할 때 좋습니다.
전국에 오프라인 숍이 있습니다.

암체어
디자인스페이스(gagu824.com, 02-2237-4281)
일반적인 목제에서부터 바텐 의자까지 다양한 의자들이 준비되어 있는 곳입니다.
디자인 감각이 돋보이는 편안한 1인용 소파와 북케이스, 캐비닛도 볼만합니다.
서울 강남구 역삼동 788-26 경풍빌딩 지하 1층

장스탠드
삼진조명(02-549-3773)
스탠드는 분위기를 살리는 데 자주 쓰이는 소품입니다.
많은 조명들을 알아 두면 때와 장소에 맞는 디자인을 연출할 수 있습니다.
서울 강남구 논현2동 81-12

이불커버
에이모노(www.amono.co.kr, 0505-558-0805)
서울 강남구 압구정로4길 13-7

서재 테이블
스탠다드 에이(standard-a.co.kr, 02-335-0106)
원목가구 브랜드입니다. 주문 후 제작하는 방식입니다.
지금까지는 온라인상으로만 주문 제작을 하고 있지만 얼마 전 홍대 앞에 오프라인 숍을 오픈 했습니다. 서울 마포구 상수동 329-6

거실 커피 테이블
세덱(www.sedec.kr, 02-549-6701)
강남, 분당, 대구, 부산에 오프라인 매장이 있는 가구 전문점입니다.
서울 강남구 신사동 588-18

멀티 수납장
생활공간디자인(www.livingspace.co.kr, 070-4319-6510)

아일랜드 체어
멀티퍼니처(02-2272-1671)
서울 중구 창경궁로 34

거실 책장
마이퍼니처 카페(www.mfcafe.co.kr, 02-322-0185)
맞춤 가구 전문 카페입니다. 책장이나 책상은 물론 주방 가구와
거실 가구 모두 맞춤 제작이 가능한 곳입니다.
서울 마포구 동교동 184-14 1층

부엉이 저금통
까레디자인(www.kare-korea.com, 070-4122-9874)
독일의 리빙브랜드 KARE 상품입니다. 꽃병, 액자, 램프 등 작은 소품에서부터
소파, 침대 등 큰 가구까지 다양한 아이디어 상품을 볼 수 있습니다.
서울 강남구 신사동 617번지 성수빌딩 지하 1, 2층

소파 겸 침대
생활공간디자인(www.livingspace.co.kr, 070-4319-6510)

낮은 침대
벤스가구(www.bens.co.kr, 032-653-0888)
온라인 전용 가구 전문점입니다. 모던하면서도 심플하고,
실용적인 가구들이 많아 자주 찾는 곳입니다.

거실 암체어
인디테일(www.indetail.co.kr, 02-542-0244)
부드럽고 정겨운 색감과 소재를 사용한 가구는 물론
소품이나 패브릭, 조명 등을 만날 수 있습니다.
서울 서초구 잠원동 41-11 삼덕빌딩

침실 스탠드 조명
국도조명(02-2272-9986)
침실이나 주방, 거실 조명을 구입하기 좋은 곳입니다. 오프라인 매장밖에 없지만
다양한 제품을 마음껏 둘러보며 가격을 흥정하는 쏠쏠한 재미가 있습니다.
서울 중구 을지로 4가 14

침실 침대
까사미아(031-780-7100)
전국에 오프라인 매장이 있는 까사미아 제품입니다.
기성 가구라도 우리집 디자인 콘셉트와 자연스럽게 조화를 이룰 수 있는 제품은 있게 마련이지요.

카펫
대명사(02-2272-9422) 동대문시장에서 득템한 소품입니다.
수천수만 가지의 상품이 전시되어 있는 시장을 둘러보다 보면 믿을 수 없는 가격의 좋은 제품을
만날 기회가 있습니다. 가구와 소품 하나하나에 부부만의 스토리를 만들 수 있는
좋은 시간이 될 겁니다. 서울 종로구 종로6가 289-3 동대문종합시장 A동 1층 1274호

산드라 이삭슨의 Nova Mist Wallpaper
디자인 셀렉트샵 루밍(www.rooming.co.kr, 02-6408-6700) 루밍이란 room+ing이라는 뜻입니다.
방이라는 공간에 ing를 붙여 공간이 계속 변화되고 바뀔 수 있다는 뜻을 담고 있습니다.
해외 유명 디자이너의 가구나 조명, 소품을 판매하는 곳입니다.
이곳에서 개성 있는 공간 아이디어를 얻는 경우가 많습니다. 서울 서초구 방배동 796-27

장 스탠드
와츠(www.wattslighting.com, 02-517-3082)
주로 조명 기구를 판매하는 매장입니다. 거실이나 침실, 다이닝룸 등에 어울리는 조명을 달아 보세요. 조명만 바꿔도 집안 분위기가 새로워집니다.
서울 강남구 논현동 101-14 삼성당빌딩 1층

거실 소파
디자인벤처스(www.designventures.co.kr, 02-3444-3382)
온라인은 물론 전국에 오프라인 매장을 갖고 있는 가구 전문 쇼핑몰입니다.
서울 강남구 신사동 528

현관 대형 액자
TJ art collection(www.tjartcollection.com, 070-8639-5993)
온라인에서 상품을 본 후 전화로 아이템 번호를 말하면 구매 가능합니다. 다만 어느 제품을 사든 매장을 방문해 직접 보고 구매하는 걸 추천합니다. 당연한 말입니다만, 온라인으로만 본 후 주문하여 색상이나 재질에 대한 느낌이 생각과 다르다며 후회하는 분들을 많거든요. 서울 강남구 신사동 590-22 선호빌딩 4층

거실 테이블 & 벤치
마이퍼니처 카페(www.mfcafe.co.kr, 02-322-0185)
서울 마포구 동교동 184-14

거실 스텐드
프랑프랑(www.francfranc.kr, 02-2211-0992)
서울 구로구 경인로 662 외 3개 지점

거실 서랍장
생활공간디자인(www.livingspace.co.kr, 070-4319-6510)

주방 의자
대신가구(www.daesingagu.co.kr, 02-2267-5635)
서울 중구 을지로4가 193